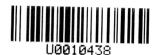

生活技能 307



# 開始在冰島自助旅行

作者◎林佩儀

太雅

# 「遊冰島鐵則」

## ☑水龍頭打開就可以喝，熱水打開就是溫泉

冰島水龍頭冷熱水由同一出水口流出。熱水乃地熱區由管線送達，是帶有硫磺味的溫泉，放滿浴缸便是觸感滑溜的溫泉浴！冷水清涼甘甜，可直接飲用，接冷水飲用之前可讓水流出數秒，以免混雜有味道的熱水。

## ☑出發前先行確認天氣及路況

冰島天氣常一日多變，南部有時刮大風，北部冬天則不時積雪過厚導致道路封閉。每天可上氣象及路況網站確認，決定隔天的行走路線，並視情況調整路線或修正行程。

## ☑自助搭配當地旅遊團更盡興

旅途中搭配當地的旅行團(local tour)可以讓你的冰島行更方便又精采。如極光團由經驗老到的司機載往最適合拍攝的地點；跟專業登山導遊一起攀上千年冰河；隨著教練騎冰島馬馳騁；和西人島長大的地陪遊覽島上每吋土地。自助途中可把旅行團當交通工具，自駕者更藉由旅行團拓展探險版圖。

## ☑免稅店買足了酒才出關

下飛機後看到一群人直直奔往免稅店，兩手抓滿菸酒的就是冰島人；反之兩手只有行李的便是遊客。冰島的菸酒課稅極重，含酒精飲料甚至只能在政府營運的酒品店購買，故冰島人經過免稅店時無不精打細算。

## ☑看極光到冰島就對了

全球最北首都雷克雅維克是最適合看極光的城市！參加當地極光團全程只要4個小時，不需千里迢迢跑到北歐或北美的沉寂極光小鎮搶昂貴旅館。在冰島晚上看極光白天還可以搭配旅行團看盡美景、泡溫泉。

## ☑體驗北歐維京人飲食

舊時的北歐物資匱乏、飲食上物盡其用，所有能填飽肚子的部分都不放過。冰島有相當高品質的魚與不腥羶的羊肉，許多餐廳將當地食材以精緻手法入菜。而鯨魚、鯊魚、羊頭、羊血糕與各種古怪的傳統食物更代表了舊時維京人的生活。

## ☑外食搭配自炊更省錢

冰島外食不便宜，連當地人都甚少外食。本書介紹除了冰島當地超市外，還有多種日常食物、傳統食材。當地大部分旅館、民宿皆設有廚房，旅人們可按圖索驥採買，並在旅館裡簡單自炊體驗冰島人的日常飲食。

## ☑刷卡比提款或兌換現金划算

北歐堪稱是街頭藝人的地獄，因為處處都可以刷卡(冰島公車除外)，冰島人常常只帶著卡片而身無分文。臺灣並無銀行可直接兌換冰島克朗，但通常刷卡會是最划算的方式。

## ☑走向車子到不了的地方

如果時間允許，可挑選幾條簡單步道或挑戰冰島高地，走上高處或步下沙灘，也許有機會不小心見到意料之外的美景。本書介紹雄壯的冰河健行以及數條專業與輕鬆等級的健行路線，挖掘更深入的冰島。

## ☑遠離人群，享受孤獨

也許是昏天暗地的永夜或是崎嶇坎坷的地形與冰冷的天候，位於歐洲邊陲地帶的冰島人相當善於自處與享受寧靜。除了絕美的景致外，別忘了細細體會冰島的虛靜恬淡，寂寞無為，貼近內心的一方靜地。

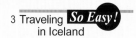

# 遊冰島Q&A

## Q1 什麼季節前往旅遊或看極光最恰當？

如果造訪冰島的目的是賞極光的話，每年的9月中到3月底都有機會看到。但以機率而言2、3月以及10、11月極光活動最為旺盛。以登山為目標者，許多高地步道約6月中旬開放，6月中到9月中為最佳登山與賞鳥季節。以環島為目標者需考慮日照長短，冬天環島有效日照短，有下大雪甚至封路的機會，且北部許多景點無法進入，以4到10月為佳。綜合以上時間，希望看極光兼環島者，建議可於9到10月或3月進行為佳。(見P.182行程規畫篇)

## Q2 冰島感覺很冷，衣服怎麼穿？

冰島地處極北，且名字有個冰聽起來真是冷到不行。但事實上受到墨西哥洋流的影響，冰島整體上比同緯度地區要溫暖許多。首都地區冬天溫度也僅於0度左右；夏天均溫為10度上下。室內通常都會有暖氣，當地人的穿著方式為內層輕薄，外出時再套上較厚的防風外套。旅人們若受限於行李大小則可以洋蔥式多層穿搭。冰島風大，毛帽、圍巾、手套皆非常實用。(見P.38衣物穿搭)

## Q3 冰島除了看極光還能玩什麼？

利用活火山餘熱烤麵包、登上千年冰河、在火山岩中泡溫泉、乘船出海賞鯨、騎馬踏過白雪、體驗冰島古怪食物、細嘗高品質羊肉與海鮮，還可以觀賞燒得整片大海火紅的夕陽、轟隆聲不絕於耳的磅礡瀑布、狹窄蜿蜒的峽灣、人跡罕至的冰島高地、越夜越美麗喝到掛夜生活，就連友善沉靜的冰島人也是美麗的風景。

## Q4 冰島旅遊會不會很貴？

冰島雖然物價比臺灣高，但住宿的價位範圍大、景點幾乎都免費，若搭配部分自炊，整趟花下來的費用其實比沒有想像中那麼可怕。以最基本花費來說，青年旅館合宿一晚約1,200臺幣，租車加上油錢一天約3,000臺幣，自炊一天500臺幣可以吃得很豐盛，和友人同行共同分攤更省！但難得來到冰島切忌省過了頭而錯過很多難能可貴的體驗。

## Q5 冰島破產以後生活有什麼影響嗎？

雖然冰島破產後對經濟跟名聲有極大影響，但民眾的生活除了現金流動遭到些許限制外，大多的民生並未受到衝擊，冰島人還是維持著相當高水準的生活。事實上，因為這波經濟危機導致冰島幣值大貶，開啟了冰島的旅遊業大門，讓曾經是全世界最貴的旅遊景點價格變親切許多。也因為這幾年世界各地的遊客絡繹不絕前往，慢慢改變了冰島的產業版圖。

# 編輯室提醒

## 出發前，請記得利用書上提供的Data再一次確認

每一個城市都是有生命的，會隨著時間不斷成長，「改變」於是成為不可避免的常態，雖然本書的作者與編輯已經盡力，讓書中呈現最新最完整的資訊，但是，我們仍要提醒本書的讀者，必要的時候，請多利用書中的電話，再次確認相關訊息。

## 資訊不代表對服務品質的背書

本書作者所提供的飯店、餐廳、商店等等資訊，是作者個人經歷或採訪獲得的資訊，本書作者盡力介紹有特色與價值的旅遊資訊，但是過去有讀者因為店家或機構服務態度不佳，而產生對作者的誤解。敝社申明，「服務」是一種「人為」，作者無法為所有服務生或任何機構的職員背書他們的品行，甚或是費用與服務內容也會隨時間調動，所以，因時因地因人，可能會與作者的體會不同，這也是旅行的特質。

## 新版與舊版

太雅旅遊書中銷售穩定的書籍，會不斷再版，並利用再版時做修訂工作。通常修訂時，還會新增餐廳、店家，重新製作專題，所以舊版的經典之作，可能會縮小版面，或是僅以情報簡短附錄。不論我們做何改變，一定考量讀者的利益。

## 票價震盪現象

越受歡迎的觀光城市，參觀門票和交通票券的價格，越容易調漲，但是調幅不大(例如倫敦)，若出現跟書中的價格有微小差距，請以平常心接受。

## 謝謝眾多讀者的來信

過去太雅旅遊書，透過非常多讀者的來信，得知更多的資訊，甚至幫忙修訂，非常感謝你們幫忙的熱心與愛好旅遊的熱情。歡迎讀者將你所知道的變動後訊息，善用我們提供的「線上讀者情報上傳表單」或是直接寫信來taiya@morningstar.com.tw，讓華文旅遊者在世界成為彼此的幫助。

太雅旅行作家俱樂部

# 開始在冰島自助旅行 最新版

作　　者　林佩儀

總 編 輯　張芳玲
發 想 企 劃　taiya旅遊研究室
編輯部主任　張焙宜
企 劃 編 輯　邱律婷
主 責 編 輯　翁湘惟
修 訂 編 輯　鄧鈺澐
美 術 設 計　余淑真
地 圖 繪 製　涂巧琳

太雅出版社
TEL：(02)2882-0755　FAX：(02)2882-1500
E-MAIL：taiya@morningstar.com.tw
郵政信箱：台北市郵政53-1291號信箱
太雅網址：http://taiya.morningstar.com.tw
購書網址：http://www.morningstar.com.tw
讀者專線：(04)2359-5819 分機230

出 版 者　太雅出版有限公司
台北市11167劍潭路13號2樓
行政院新聞局局版台業字第五〇〇四號

總 經 銷　知己圖書股份有限公司
台北：台北市106辛亥路一段30號9樓
TEL：(02)2367-2044／2367-2047　FAX：(02)2363-5741
台中：台中市407工業30路1號
TEL：(04)2359-5819　FAX：(04)2359-5493
E-mail：service@morningstar.com.tw
網路書店： http://www.morningstar.com.tw
郵政劃撥：15060393
戶名：知己圖書股份有限公司

法律顧問　陳思成律師

印　　刷　上好印刷股份有限公司　TEL：(04)2315-0280
裝　　訂　大和精緻製訂股份有限公司　TEL：(04)2311-0221

二　　版　西元2019年07月10日
定　　價　330元
(本書如有破損或缺頁，請寄回本公司發行部更換，或撥讀者服務專線04-23595819)

ISBN　978-986-336-329-3
Published by TAIYA Publishing Co.,Ltd.
Printed in Taiwan

編輯室：本書內容為作者實地採訪資料，書本發行後，開放時間、服務內容、票價費用、商店餐廳營業狀況等，均有變動的可能，建議讀者多利用書中網址查詢最新的資訊，也歡迎實地旅行或居住的讀者，不吝提供最新資訊，以幫助我們下一次的增修。聯絡信箱：taiya@morningstar.com.tw

國家圖書館出版品預行編目(CIP)資料

開始在冰島自助旅行 / 林佩儀作.
——二版. ——臺北市：太雅，2019.07
面；　公分. ——（So easy；307）
ISBN 978-986-336-329-3（平裝）
1.自助旅行　2.冰島
747.79　　108006185

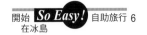

## 作者序

*Tileinkað Tómasi og öllum minningum okkar af Íslandi*

由金融危機到火山爆發，加上大卡司電影的推波助瀾，冰島近年來成為極熱門的造訪地點，也因此冰島現今觀光資訊變更非常快速，舉凡價格、餐廳資訊、旅館等異動皆異常頻繁，本書撰寫時盡量提供當下最新資訊，但仍建議讀者出發前善用書中的網站連結確認更新資訊。

本書除提供冰島最新觀光資訊外，亦提及許多季節性的玩樂重點與節慶，希望旅人們在短暫停留之餘能更能透過書中的小故事及側寫更加認識冰島並產生深刻的連結。

作者非常感謝太雅出版社的支持，讓我能將自己對冰島的所有感受與體驗忠實地傳遞給讀者，也非常感謝大功臣編輯湘惟(及早期的律婷)，友善的討論與耐心引導讓本書內容更加豐富有趣！也特別感謝未婚夫Tómas，在撰寫期間無限提供各類冰島資訊、翻譯及家事等全方位支援。

冰島不若其他歐洲國家有逛不完的驚人典藏博物館或浪漫小鎮。這裡很難興起購物欲望、娛樂也不多，冰島能提供的便是自身得天獨厚的自然景觀。往雷克雅維克以外的地方走，到處

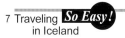

皆是空曠的大片火山岩、火山及河流，車開到哪都只有牛馬羊。也許是因為這樣寧靜的氛圍使然，冰島人相當善於自處，他們對於這樣孤獨、與世隔絕的環境感到怡然自得。冰島的中心更是一個絕對寧靜的處女地，站在山頭天空與地面無限延伸、周邊安靜地如世間僅我一人再無他者，與自己內心的對話便從這裡開始。

最後，希望旅人們於冰島旅遊隨時注意天候狀況，千萬不要小覷了大自然的力量，對沒有把握的雪地或崎嶇道路切勿勉強駕車前行以免發生憾事。祝大家旅途平安，並在冰島找到自己喜愛的一景。

關於作者

## 林佩儀

因緣際會下於冰島首都雷克雅維克住了數年，期間經歷各種瘋狂天氣還被狂風吹歪了車門，但也親眼見識到冰島春夏秋冬之下所展現出的美好風情與不同姿態。最喜歡於冰島高地健行、沿著雷克雅維克海岸線散步，或在市區找個溫馨的咖啡店窩一個下午。最大的樂趣是發掘部落客們所不知道的非熱門隱密美景！

以自身在冰島的生活經驗為讀者來全方位各種不同組合的靈活玩法，亦分享各種跟冰島相關的有趣小故事及側寫觀察。目前居於歐洲並每年回冰島探親兼度假充電，持續為讀者們帶來最新的冰島旅遊資訊。

# 目 錄

98
## 購物篇



182
## 行程規畫篇



200
## 應變篇



110
## 玩樂篇



194
## 通訊篇

### 地圖索引

圖例

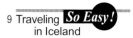

| | | |
|---|---|---|
| 重要地標 | 美食 | 機場 |
| 景點 | 住宿 | 醫院 |
| 購物 | 巴士站 | 加油站 |

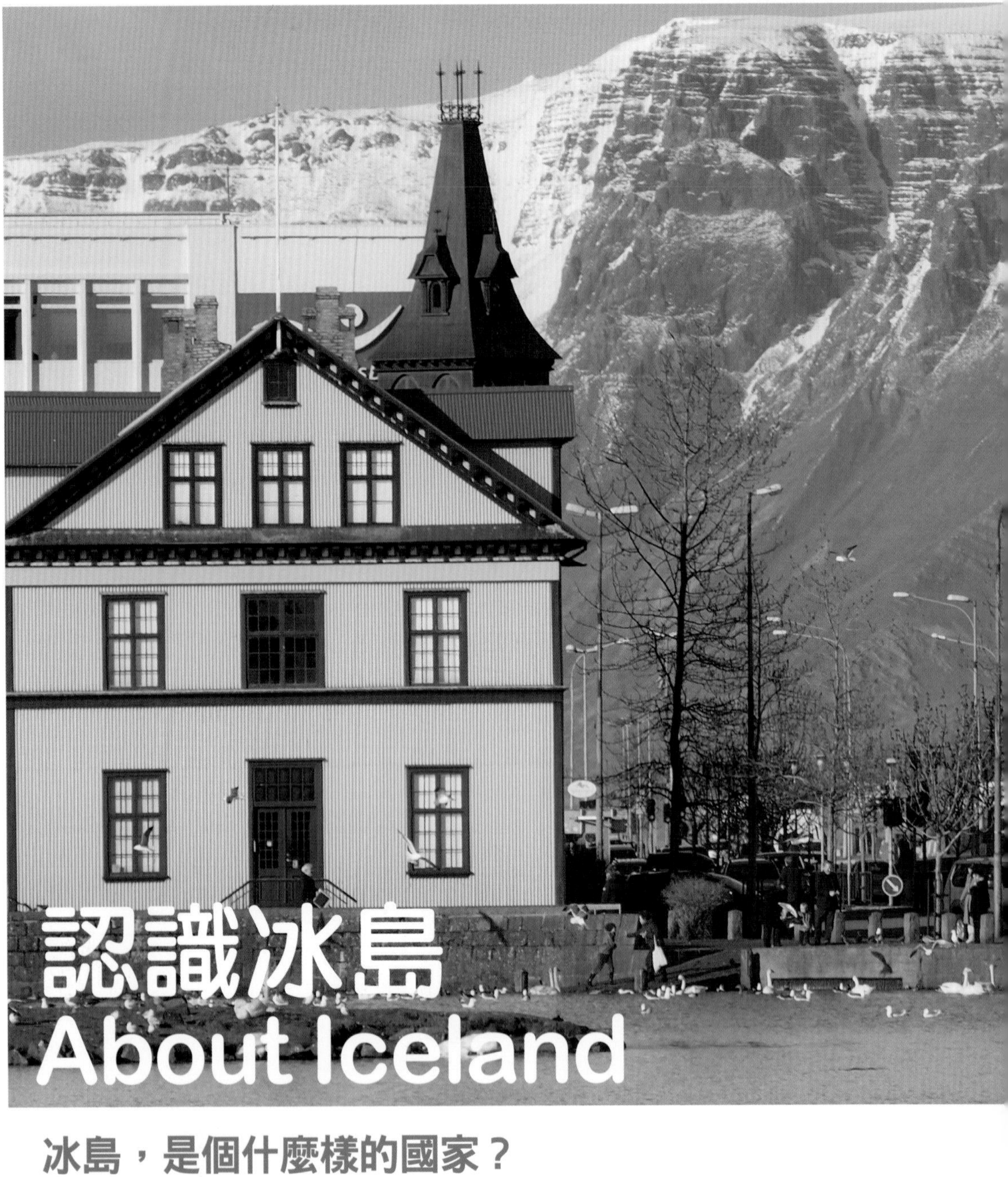

# 認識冰島 About Iceland

## 冰島，是個什麼樣的國家？

火山、冰河、地形崎嶇、氣候惡劣、維京人血統加上北歐文化等重要元素在千年的發酵後，造就了今日景觀與人文皆迷人又獨特的冰島。

(左小圖圖片提供／劉怡君)

Rvk-
Gamla höfn
Ráðhús
Tjarnargata
WC

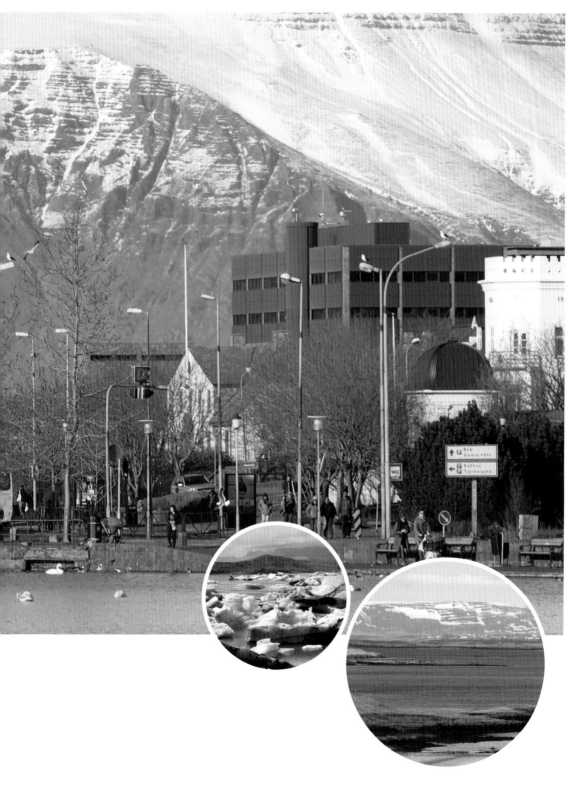

# 冰島速覽

中央冰川盤據，整體地形多變的小島。

冰島小檔案 01

## 地理 ｜ 多變地形的島嶼

冰島西臨丹麥海峽面格陵蘭、南接北大西洋、北面格陵蘭海，並且東面挪威海。冰島地質很年輕，系由歐美板塊分裂處的中洋脊裂谷火山噴發堆積而成。冰島地殼活動很活躍，島上至今仍有多處活火山，四處可見火山岩、玄武岩及流動中逐漸冷卻產生的流紋岩。除火山地形外，冰島有數個尚存在的冰原，東部的瓦特那冰原是歐洲最大的冰原，其平均厚度達400公尺。

冰島的沿海地形相當多變，南部有黑沙灘、東部有玄武岩與峽灣、西部有多個突出的半島、北部也屬峽灣區。冰島整體地形為環狀，中央為巨大冰川盤據的高原，四周有海岸山脈環繞、近海岸線區域則較平坦，故冰島的1號公路環著海岸線建造，大多數居民也居住在沿岸地區。

▲冰島是地形多變的島國

### 冰島基本情報

正式國名：冰島Ísland

首　　都：雷克雅維克Reykjavík

官方語言：冰島語

族　　群：冰島裔91%；波蘭裔4%；其他5%

面　　積：102,775平方公里

位　　置：西隔丹麥海峽與格陵蘭島相望，東臨挪威海，北面格陵蘭海，南界大西洋，屬北歐國家。

人　　口：358,000人

密　　度：3.2人／平方公里

貨　　幣：冰島克朗ISK

# 冰島地圖

Grímsey
Ísafjörður
西峽灣
Vestfirðir/Westfjords
斯奈山半島
Snæfellsnes
Borgarnes
凱夫拉維克機場
Keflavík Airport
藍湖溫泉
Bláa Lónið
雷克雅維克
Reykjavík
Selfoss
Hella
西人島
Vestmannaeyjar
艾雅法拉冰河
Eyjafjallajökull
辛格維里國家公園
Þingvellir National Park
朗格冰原
Langjökull
Sauðárkrókur
Hofsjökull
Mýrdalsjökull
維克
Vík
阿庫雷里
Akureyri
胡薩維克
Húsavík
米湖
Mývatn
阿思嘉火山
Askja
史卡夫特山遊客中心
Skaftafell Visitor Centre
瓦特那冰原國家公園
Vatnajökull National Park
冰河湖
Jökulsárlón
赫本小鎮
Höfn
馬蹄形峽谷
Ásbyrgi
黛堤瀑布
Dettifoss
Egilsstaðir
塞濟斯峽灣
Seyðisfjörður
Reyðarfjörður
1
35
32
36
41
427
47
54
40
60
61
68
F26
901
85
95
917
93

冰島小檔案02

# 歷史 | 與丹麥、挪威密不可分

### 蠻荒時期與新進移民(874～930)

早期有愛爾蘭僧侶與挪威海盜等人曾暫停冰島但並未於此定居。挪威人聽聞此島消息後，許多對於時政不滿的人們，帶著羊群與愛爾蘭奴隸奔往冰島尋求自由，成為冰島的第一批居民。

### 首批挪威移民(930～1262)

為因應人口上升與內務需求，當時的居民於現今的辛格維里國家公園處成立了冰島議會(Althingi)，被認為是全世界最早的國家議會，此時期的冰島呈現全民自治的局面。

冰島於這段期間內由原本篤信北歐諸神的信仰，轉為與挪威相同的基督教國家。在13世紀初，冰島發生內戰，地方大老Sturla的兒子們及其家族在權力鬥爭中為獲得更多支援而投靠挪威，並於1262年簽屬協定臣屬於挪威。

### 挪威、丹麥統治(1262～1944)

14世紀末，丹麥、挪威、瑞典合組聯盟(Kalmar Union)，當時冰島仍屬挪威，芬蘭屬瑞典。1814年丹麥與挪威拆夥時冰島被劃分成為丹麥的附屬地。

▲獨立紀念日慶祝活動

### 冰島獨立(1944)

1940年丹麥忙於被納粹統治無暇分神之餘，冰島於1944年6月17日宣布獨立成為獨立國家。

### 美軍駐點(1949)

第二次世界大戰爆發之後，1949年美軍為了與蘇聯對抗，將冰島納入北大西洋公約組織(NATO)，並於現今的凱夫拉維克機場建立美軍基地。美軍駐點時期提供給冰島的資源，成為冰島之後發展的重要基石。

冰島小檔案03

# 航程 | 轉機時可以再遊訪一國

臺灣到冰島無直飛班機，最省時間的轉機點為倫敦或阿姆斯特丹，航程約16～19小時(不含轉機時間)。一開始可設定另一個歐洲大城市為轉機點，如赫辛基、哥本哈根、巴黎，或者其他歐洲的大城市，就可以於轉機途中順道購物旅遊，一次玩兩國更划算。搭乘夜晚的班機也有機會看到極光，別忘了選靠窗的位子！

▲飛機上看冰島

冰島小檔案 04

## 氣候與日照｜各月的日出落時間差異極大

因地處極北，冰島的夏季有永晝、冬有永夜，但因墨西哥洋流調節，使雷克雅維克的冬天較同緯度地區溫暖許多。除日照外需注意的是冰島經常刮時速60公里以上的大風。天空大概在表訂日出時間半小時前會開始漸漸亮起來，夜間也會在表定時間半小時到1小時前，天色便開始暗下來。

▲全球暖化也在冰島烙下不可逆的痕跡，原本寸草不生的冰島漸漸的長出了許多綠地與樹林

冰島小檔案 05

## 政治｜世界上第一位民選女總統

冰島政黨眾多，目前獨立黨為議會中的最大黨，實際則有12個黨活躍地參與選舉與社會各項議題。冰島目前為雙首長制，總統沒有實權，內閣由議會各黨共同組成，而總理由最大黨推舉。冰島人相當熱衷於政治，並不避諱在公眾場合或朋友之間表達自身立場，也確實地將投票當作表達意見或立場的管道。

冰島男性參政比例較女性高，但Vigdís Finnbogadóttir卻是全世界第一個民選誕生的女總統，她也是全世界第一個公開出櫃的國家元首，並坦蕩蕩地帶著其同性伴侶出訪中國，造成中國官方諸多尷尬。

冰島小檔案 06

## 人口｜人口密度不高，多集中於城市

冰島人口僅有稀少的32萬人，其中約20萬人居於首都雷克雅維克與其周邊，5萬人居於阿庫雷里，其餘散落冰島沿岸各處，唯中央高地部分較少人居住。目前冰島約有91%為原生冰島人，其餘9%為波蘭人及其他族裔。

### 雷克雅維克全年均溫

| 月分 | 1 | 2 | 3 | 4 | 5 | 6 | 7 | 8 | 9 | 10 | 11 | 12 |
|---|---|---|---|---|---|---|---|---|---|---|---|---|
| 日均溫 | 4.0 | 3.8 | 4.0 | 6.0 | 7.0 | 9.0 | 11.0 | 12.0 | 11.0 | 9.0 | 7.0 | 6.0 |
| 夜均溫 | –2.5 | –3.7 | –3.5 | 0.5 | 1.1 | 2.8 | 3.5 | 6.0 | 2.2 | 0.3 | –0.4 | –3.0 |
| 日出 | 10:56 | 09:25 | 07:45 | 05:55 | 04:12 | 02:57 | 03:42 | 05:20 | 06:52 | 08:19 | 09:58 | 11:17 |
| 日落 | 14:18 | 18:00 | 19:30 | 21:03 | 22:39 | 00:00 | 23:23 | 21:42 | 19:52 | 18:06 | 16:26 | 15:29 |

＊製表／林佩儀

冰島小檔案07

# 民間故事與傳奇｜人民的信仰

## 北歐神話

近年流行的復仇者聯盟系列裡，雷神索爾、洛基與他們居住的阿思嘉及彩虹橋都是北歐神話裡的橋段。在基督教傳到北歐之前，北歐人靠著口耳相傳信仰著北歐神話裡的神祉，並於13世紀時在冰島以詩歌的方式首次以文字被記錄下來。

北歐神話裡的眾神與巨人、人類邪善不分，即便是神也有相當邪惡的想法，更因私欲而導致諸神的黃昏。諸神與巨人皆戰死，世界進入毀滅狀態後，僅留下少許人類與神祉繼續延續生命開創新世界。有一說北歐神話裡後來的新世界是受到基督教影響後改編而成。早期北歐人篤信北歐神祉，而後基督教得到政治勢力支持使北歐神祇逐漸式微。

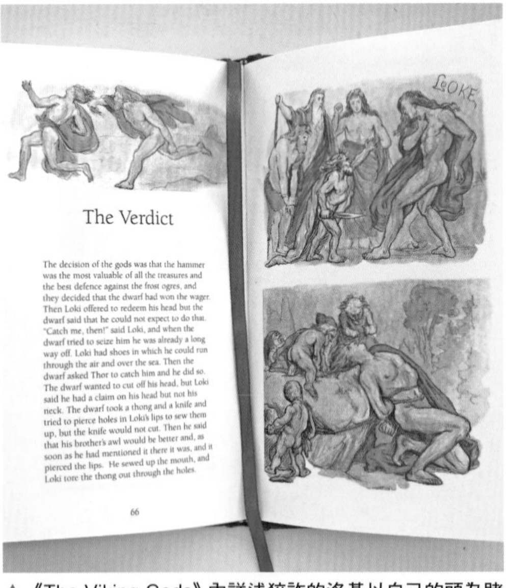


▲《The Viking Gods》內詳述狡詐的洛基以自己的頭為賭注，打賭輸了卻稱矮人只贏了他的頭而非脖子，使得矮人無法取下洛基的頭，矮人憤而縫住洛基的嘴巴，最後卻又被洛基給掙脫

## 13個聖誕老人與邪惡黑貓

冰島人跟我們一樣也愛用一些小故事來捉弄小孩。傳說中有13個聖誕老人跟他們的母親住在艾西亞山後面。在聖誕節的前13天開始每天給好孩子們遞送小禮物，聖誕夜才會拿出大禮。孩子們會在睡覺前把鞋子放在窗邊，隔天起床便會驚喜地看到禮物，但孩子若不乖就會在鞋子裡頭發現馬鈴薯。爸媽也告訴孩子如果吵鬧或不乖的話，就會被的巨大黑貓／耶誕貓(Jólakötttur)給吃掉。

## 矮人

矮人有著又大又圓的鼻子，一頭亂髮，喜歡吃魚還會使用魔法。冰島全國境內每個地方都有關於不同矮人的傳說，許多奇形怪狀的石頭或山都被指稱是由不同的矮人石化而來，比如維克黑沙灘旁的尖石，便是三個矮人在未能在夕陽西下前達到彼岸，而被轉化成石頭永遠停留在那兒。

▲Patrick Pilkingtonn著的《Icelandic Trolls》就是以矮人傳說為故事藍本

冰島小檔案 08

# 社會文化｜全世界最快樂、平和的國家！

冰島人在多樣幸福度調查中屢屢名列前茅，最主要的原因就是冰島的社會主義，其帶來的男女與社會階級平等，讓社會氛圍平和且安全，人們彼此充滿信賴感，建立起穩定幸福的社會。

冰島的「平等」不僅僅是男女之間的性別平等，還有種族跟職業等平等概念都相當深植人心，並實際執行。冰島社會無明顯的階級制度，無論什麼工作或專業只要是實實在在地工作、正常繳稅的公民，便會被社會所認可。有錢人或普通家庭的孩子受到的基礎教育皆是相同的，可謂是全世界階級最平坦的國家，也因此社會對立現象較少。健全的育嬰政策也可以讓母親依照自己的意志，選擇在家帶孩子或專心於職場，男女平權、種族平等對冰島人來說是相當理所當然的事。

◀父親帶孩子在冰島是稀鬆平常的事

▲冰島人對同性戀持的態度非常開放及理解，早在2010年便修法通過同性婚姻合法登記

冰島小檔案 09

# 人民｜對外友善卻也注重隱私

冰島人外表冷酷沉默，說話時肢體動作較少，表情淡定看起來難以親近。事實上冰島人極友善、富同情心。相較其他歐洲國家有許多移民融入的狀況，冰島的社會組成相對單純。雖然對外相當友善，但要打入冰島人的生活圈卻也相當不容易，他們極重視隱私並將自己的生活圈乾淨切割。相較於理工，冰島人更偏好人文與哲學，並用心經營生活與居家。

▲因空氣較流通，冰島人將小嬰兒放在戶外

▲孩子的任務就是玩耍，即便下雪天孩子們也穿得厚厚的在外奔跑

## 冰島小檔案 10

# 生活理念｜偏向社會主義

人與人之間的信任感是維持冰島社會和諧的最重要元素，冰島政治版圖偏向社會主義，且社會對於國家方針有普遍共識，人民對國家認同度高。人們深信美好的社會是由所有人各司其職的貢獻所堆疊而成，因此北歐雖然社會福利佳，但成年男女的就業率仍極高，大部分的人都工作到屆齡退休。年長者多不與子女同住，退休以後的老人家大多會將房子賣掉，搬到專為高齡者設置的公寓。

▲冰島傳統服飾

▲冰島人家裡掛有許多家人的照片

## 冰島小檔案 11

# 貨幣｜新臺幣：冰島克朗＝1:4

冰島當地使用冰島克朗(Icelandic krona, ISK)，目前臺幣兌克朗為1：4左右，冰島克朗在2008年經濟危機時大崩盤，近兩年因經濟狀況漸佳而有開始回漲的趨勢。其他北歐國家與部分中歐國家錢幣也是以克朗為單位，但幣值仍不盡相同。

▲冰島紙幣

▲冰島硬幣

### 冰島錢幣介紹

| 錢幣 | 人物歷史 |
|---|---|
| 5000 | Ragnheiður Jónsdóttir，主教的妻子及著名裁縫師。紙幣背面為她教導兩個女孩裁縫的畫面。 |
| 2000 | Jóhannes Sveinsson Kjarval，冰島著名畫家。以抽象的畫風將冰島景致與精靈、神話相融合。 |
| 1000 | Brynjólfur Sveinsson，路得派主教，對古北歐文學的解讀有諸多貢獻；蒐集與命名了舊北歐神話以及Edda的詩歌。 |
| 500 | Jón Sigurðsson，獨立運動先驅，冰島第一位總統。精通冰島歷史與冰島文學Saga。位於議會前方的雕像便是Jón。 |
| 硬幣 | 分別為各種魚、螃蟹、鯡魚、海豚等生物。 |

＊製表／林佩儀

冰島小檔案12

# 假日 | 依照基督教慶典安排假期

冰島的定義上是基督教國家，至今大多節日皆按照基督教的慶典安排，遇國定假日大多政府機關與公司行號皆休業，大眾運輸也會減少班次。旅遊業的行程雖較少受到國定假日影響，旅人們仍需注意超市營業時間。通常在12月25日當天為了讓所有工作人員和家人團聚，大多數的餐廳及部分超商皆不營業，甚至無班機離境。

**國定假日表**

| 日期 | 節日 |
|---|---|
| 1月1日 | 新年 |
| 4月，日期不定 | 濯足節，復活節前的星期四 |
| 4月，日期不定 | 耶穌受難日，復活節前的星期五 |
| 4月，日期不定 | 復活節 |
| 4月，日期不定 | 復活節星期一 |
| 4月，日期不定 | 仲夏節，4月18日以後的第一個星期四 |
| 5月1日 | 勞動節 |
| 5月底，日期不定 | 耶穌升天節，復活節後第四十天 |
| 5~6月，日期不定 | 白色星期日，復活節後的第49天 |
| 5~6月，日期不定 | 白色星期一，復活節後的第50天 |
| 6月17日 | 國慶日，獨立紀念日 |
| 8月第一個星期一 | 國定假日 |
| 12月24日 | 聖誕夜，中午過後開始放假 |
| 12月25日 | 聖誕節 |
| 12月26日 | 聖誕節隔天 |

＊製表／林佩儀

冰島小檔案13

# 電壓 | 220伏特，與歐規電器相容

冰島電壓為220V，50Hz，採用兩腳圓插頭與冰島圓腳插頭，與大多歐規電器相容，但與臺灣的電器電壓、插腳皆不同。只要購買簡單的轉接頭即可插用，僅需確認電器或充電器會可適用於冰島電壓範圍。手機、平板與電腦類產品多可接220V電壓，吹風機則因安全考量，建議另外購買可接受220V的商品，盡量避免使用變壓器。

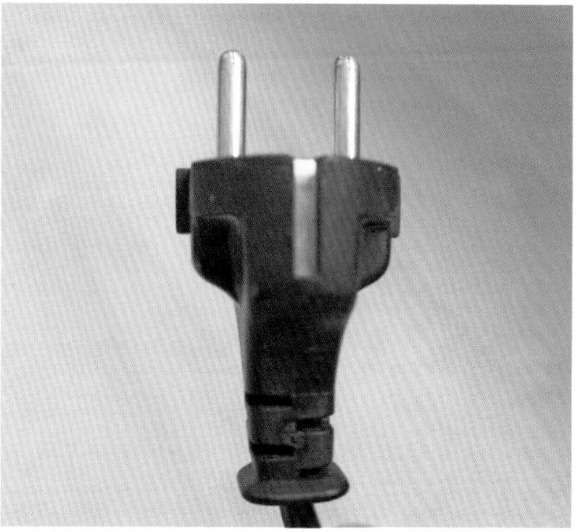

▲冰島插頭

▲轉接頭

冰島小檔案 14

# 冰島印象｜出色的音樂與文學

冰島人在理工方面發展並不突出，但其氣候條件造成文學、音樂、人權與性別平等方面的表現特別出色。

## 音樂與節目

冰島的音樂與文學充滿灰暗色彩、凜冽的詩意。許多冰島出色的藝術家皆是以冰島的大自然景象、嚴酷寒冬或政治處境等，融入創作而得到更深刻的感觸。

■**碧玉(Björk)**：著名創作歌手碧玉，被譽為冰島最著名的出口，在希臘奧運大放異彩。她的音樂裡混合了許多驚世駭俗的實驗性質，將多種風格加上不同元素組合在一起，無論是音樂或MTV都在每一個階段震撼世人。

■**獸人樂團(Of Monsters and Men)**：獨立搖滾與民謠樂團，民謠風格帶著強烈的旋律性，搭配男女主唱特殊的聲線與北歐口音的獸人樂團在北美瞬間爆紅。音樂的歌詞簡單卻細膩充滿故事性，以多種樂器搭建起層次感。

▲獸人樂團的現場演唱

■**席格若斯(Sigur Rós)**：屬後搖滾樂團，虛無縹緲的音樂完美地詮釋了冰島的空靈大自然意象。席格若斯的音樂中表現了冰島的冷冽孤絕與寂寥的一草一木，如孤身一人單獨站在荒野高地以及置身於無止盡的深冬。

■**懶人小鎮(LazyTown)**：冰島兒童節目，講述Stephanie搬到懶人小鎮以後開始以行動向鎮民們展現運動的好處。影集內容以大量的兒童歌曲與舞蹈呈現，非常受到歐洲及北美的幼童們的歡迎。只要他們一出現，孩子們就會衝到舞臺前一起開心唱跳。

▲懶人小鎮很受孩子們的歡迎

## 文學

冰島人經常在生日或聖誕節時互相贈書當作禮物，沒有太多娛樂選擇的冰島人相當喜愛閱讀，在冰島這規模頗小的市場中仍能維持市場活絡、推陳出新及高出版率。

■**薩迦(Saga)**：薩迦文學是冰島最重要的文學資產，載錄了早期10～11世紀的所有英雄傳奇，直到13世紀才被用文字記錄下來。內容包含首批移民的一切，描述古斯堪地那維亞的早期生活方式、維京人遠征的英雄事蹟，以及口耳相傳的詩歌等，也因為是第一個以文字記錄下當時北歐地區的素材，故成為現今研讀北歐歷史最重要的史料。

■**諾貝爾文學獎：**在這小國小民的島嶼上也曾有人領過諾貝爾文學獎！赫爾多爾·拉克斯內斯(Halldór Laxness)的《獨立之子》(Landnámsmaður Íslands)，以一個孤僻之人的獨居生活隱喻冰島的獨立之路，雖然艱難而孤單但將會是美好的。這一部作品讓赫爾多爾在1955年得到諾貝爾文學獎。

■**阿諾德·英德希達(Arnaldur Indriðason)：**阿諾德·英德希達松是冰島近年來最著名的犯罪小說家，其作品被翻譯成24種語言，其中警探Erlendur系列最受歡迎，亦讓阿諾德獲得英國犯罪作家協會頒發的金匕首獎。

## 冰島小檔案 15

# 語言｜不會冰島語，說英語也沒問題

冰島現行的官方語言為冰島語，同時也是冰島人的母語，為日耳曼語系的一支，和其他北歐語言相比，其與古北歐語(或稱斯堪地那維亞語)最為相近，是在北歐各國分裂之前的通用語言。冰島語本身難度很高，詞彙分為陽性、中性及陰性，句子隨著前後文以及數量等不同需做出許多變化。冰島境內並無其他方言，僅腔調略有不同。除母語外，大多數冰島人在學時曾修習過丹麥文、英語以及第三外文，所以在冰島旅行使用英文溝通完全沒問題。

冰島人說話高底起伏很大，句子連貫著聽起來像在唱歌(雖然他們老取笑丹麥人說話才像是在唱歌)。

冰島文的謝謝是takk，正式一點則是takk fyrir，口語上則會很輕巧地說takk takk；ekki則是旅人們需要注意的字，帶有禁止的意味，若門上有ekki便盡量避免碰觸。白日見面時會說góðan daginn，分別時則說bless bless。

## 冰島小檔案 16

# 國旗｜藍、白、紅三色

冰島現在使用的國旗出現於1915年，於1944年正式使用，中間的十字象徵基督教。旗幟的色彩象徵冰島的景色，也就是組成冰島的三種元素，藍色是山巒、白色是寒冰，而紅色則是火山中的火焰。

豆知識

### 冰島人的名字不能亂取！

冰島有個命名協會(The Icelandic Naming committee)，其任務是確保公民的名字符合冰島文的規定與整體性，經協會認證的名字才能被註冊使用。命名協會網站上列有已被認證的名字供民眾參考選用，若父母神來一筆想給孩子取個與眾不同的名字，則需向協會提出申請。

父母經常採用文學家、藝術家的名字，或者選用自己家族內值得敬仰的長者的名字為新生兒命名，一方面為紀念前人希望承襲對方的優點，並期待孩子能得到祝福。

冰島小檔案 17

# 冰島文｜以英文替代冰島文搜尋

冰島文中大部分的字母可以套用英文的概念發音，唯有些比較特殊的冰島文字可參考下表發音，於搜尋時可以下列替代字母取代冰島文，例如冰島文的lónið可以英文字母的lonid替代搜尋。

| 大寫 | 小寫 | 發音 | 替代字母 |
|---|---|---|---|
| Á | á | Au「凹」 | A |
| Ð | ð | θ | d/dh |
| É | é | Ei | E |
| Í | í | 近似「依」 | I |
| Ó | ó | O | O |
| Ú | ú | 近似「淤」 | U |
| Ý | ý | Ypsilon | Y |
| Þ | þ | Th | Th |
| Æ | æ | 近似「愛」 | Ae |
| Ö | ö | 近似「約」 | O |

## 冰島文字根介紹

冰島文的地名有些可從其字根連結到字義，旅行途中有利判斷景點屬於哪一類的風景，亦可協助判斷該地名可能靠山或靠海。

| 字根 | 意義 | 舉例 |
|---|---|---|
| -foss | 瀑布 | Gull**foss**(黃金瀑布)<br>Detti**foss**(岱堤瀑布) |
| -vík | 港灣 | Reykja**vík**(雷克雅維克)<br>Húsa**vík**(胡薩維克) |
| -fjörður | 峽灣 | Seyðis**fjörður**(塞濟斯峽灣)<br>Ísa**fjörður** (伊薩峽灣) |
| -jökul | 冰河 | Eyjafjalla**jökull**(艾雅法拉冰河)<br>Lang**jökull**(朗格冰河) |
| -mörk | 森林 | Þórs**mörk**(索爾森林)<br>Heið**mörk**(清淨森林) |
| -vatn | 水 | Mý**vatn**(米湖)<br>**Vatn**ajökull(瓦特那冰河) |
| -lón | 湖 | Jökulsár**lón**(冰河湖)<br>Bláa **lón**ið(藍湖) |
| -vegur | 路 | Þjóð**vegur**(國道) |
| -gata | 街 | Suður**gata**(南大街)<br>Tún**gata**(農場街) |
| -stræti | 街 | Austur**stræti**(東大街) |
| -bió | 戲院 | Háskóla**bíó**(大學戲院) |
| -kirkja | 教堂 | Hallgríms**kirkja**(哈克格林姆教堂)<br>Seltjarnarnes**kirkja**(塞爾蒂亞教堂) |
| -á | 河 | Ölfus**á**(歐福河)<br>Hvít**á**(白河) |
| -nes | 岬角 | Akra**nes**(阿克拉半島)<br>Seltjarnar**nes**(塞爾蒂亞半島) |
| -höfn | 港口 | Landeyja**höfn**(蘭蒂亞港口)<br>Þórs**höfn**(索爾港口) |
| -bær | 小鎮 | Lati**bær**(懶人小鎮)<br>Garða**bær**(花園小鎮) |

# 冰島語指指點點

## 認識冰島篇

**Ekki**
禁止／Stop

**Nei**
不、沒有／No

**Afsakið**
不好意思／Excuse me

**Já**
是／Yes

**Fyrirgefðu**
對不起／Sorry

**Takk**
謝謝／Thank you

**Meira**
多一點／More

**Og**
與、和／And

**Áríðandi**
緊急／Urgent

**Góðan daginn**
早安／Good morning

**Góða nótt**
晚安／Good night

**Mánudagur**
星期一／Monday

**Þriðjudagur**
星期二／Tuesday

**Miðvikudagur**
星期三／Wednesday

**Fimmtudagur**
星期四／Thursday

**Föstudagur**
星期五／Friday

**Laugardagur**
星期六／Saturday

**Sunnudagur**
星期日／Sunday

**Hvernig hefurðu það?**
你好嗎？／How are you?

**Mjög gott veður**
天氣真好／Such good weather

**Ég er frá Taívan.**
我來自臺灣／I'm from Taiwan.

**Ég tala ekki góða ensku.**
我的英文不太好／My English is not good

**Geturðu vinsamlegast talað hægar?**
可以請你說慢一點嗎？／Can you please speak slowly?

# 行前準備
# Preparation

## 出發到冰島前，需要哪些準備？

出遊的行前準備除了必備證件之外，該如何訂沒有直飛班機的機票也是個重點。玩樂景點的排程規畫，掌握當地氣候及禦寒衣著準備、現金兌換等細節都囊括在本篇章裡。

(大圖、左小圖圖片提供／劉怡君)

300

出國前需先將護照和簽證等證件申辦完成。

出國旅遊各類證件需保留充裕時間辦理以防突發狀況發生。護照為前往冰島時必要的旅遊文件，若計畫自行駕車則需備國際駕照。規畫住宿也可考慮攜帶YHA會員卡；學生可以申請國際學生證，部分交通、餐廳或博物館有提供優惠。

## 護照

護照為進出各國的必要證件，出發前務必確認護照有效期限仍有6個月以上。備妥申請資料後前往各地方外交部辦事處辦事處辦理即可。若為第一次辦理，本人需親自前往。

申請流程及所需資料每年可能稍有異動，未成年子女與役男亦稍有不同。詳情可參考外交部領事事務局網站的申請普通護照說明書進行辦理。

**貼心小提醒**

**護照務必妥善保存**

出國時務必妥善保存護照，冰島無外交部辦事處駐點，若需補辦得洽駐丹麥臺北代表處，補發手續較為麻煩且耗時。遺失護照之後補發的使用年限會較短。

### 護照這裡辦

**外交部領事事務局**
✉ 台北市中正區濟南路1段2之2號3～5樓
☎ 02 2343 2888
@ post@boca.gov.tw

**外交部中部辦事處**
✉ 台中市南屯區黎明路2段503號1樓
☎ 04 2251 0799
@ taichung@boca.gov.tw

**外交部雲嘉南辦事處**
✉ 嘉義市東區吳鳳北路184號2樓之1
☎ 05 2251 567
@ yct@boca.gov.tw

**外交部南部辦事處**
✉ 高雄市前金區成功一路436號2樓
☎ 07 211 0605
@ bocakhh@boca.gov.tw

**外交部東部辦事處**
✉ 花蓮縣花蓮市中山路371號6樓
☎ 03 8331 041
@ hun@boca.gov.tw

開放時間：週一～週五 (國定假日不上班)
申請時間：08:30～17:00 (中午不休息)
工作天：一般件為4個工作天，遺失補發件為5個工作天

### 首次申請護照所需資料

1.普通護照申請書
2.2吋6個月內彩色照片2張
3.臺幣1,300元
4.身分證正反面影本
5.攜帶身分證正本供複檢

## 簽證

冰島雖不屬於歐盟但仍屬於申根區的一國，短期旅遊不需要特別申請簽證，且持中華民國護照能於180天內停留申根區90天並無出入次數限制，但護照最少需有3個月有效期限。海關若對入境者資料及背景有疑慮則有權拒絕其入境，出入申根區建議準備回程或續程機票、旅遊計畫、訂房紀錄等供海關查詢。

## 旅遊平安險

出入申根區時申根保險為建議但非必要，考慮海外醫療費昂貴，強烈建議出發前事先購買海外旅遊平安險以及旅遊不便險以應不時之需。

上述保險除可單獨購買外，許多保險公司亦推出旅遊綜合險，內容包含旅遊平安險、不便險、海外急難救助、第三方責任險等等，提供更多方的保障。

各類短期保險的購買可透過自身平時有接觸的保險公司業務或直接線上購買、亦可直接於機場臨櫃購買。

## 國際駕照

臺灣交通部所發予的國際駕駛執照可在冰島駕車。國際駕照申請非常快速，僅需持所需文件至當地監理所辦理即可當場領證，使用期限3年。在冰島租車時仍需攜帶臺灣公路局發行的駕照正本以備查。

由於臺灣的駕照現已無需換發，所以有效期間屆滿後，仍屬有效，但國際駕照的期限會和你的本國駕照期限相同。所以，如果你的本國駕照快到期了或已到期，建議先換新，再辦國際駕照才不會有期限的問題。目前新版駕照上的有效欄以「—」表示無期限。

每年的規定及手續費可能略為變動，詳細規定請參照交通部公路總局網站的申領國際駕照細則。

**交通部公路總局網站**

http www.thb.gov.tw
(點監理服務→駕照→申領國際駕照)

### 申辦國際駕照所需資料

1. 身分證正本
2. 2吋證件照2張
3. 駕照正本
4. 護照正本或影本
5. 臺幣250元

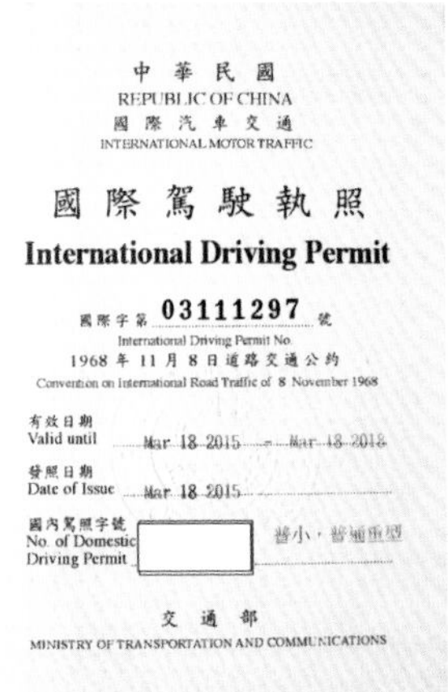
中華民國
REPUBLIC OF CHINA
國際汽車交通
INTERNATIONAL MOTOR TRAFFIC

國際駕駛執照
International Driving Permit

國際字第 03111297 號
International Driving Permit No.
1968年11月8日道路交通公約
Convention on International Road Traffic of 8 November 1968

有效日期
Valid until Mar 18 2015 — Mar 18 2018

發照日期
Date of Issue Mar 18 2015

國內駕照字號
No. of Domestic Driving Permit 普小、普通重型

交通部
MINISTRY OF TRANSPORTATION AND COMMUNICATIONS

▲國際駕照

# 蒐集旅遊情報

事前蒐集冰島的旅遊情報，確保旅途順利。(圖片提供／劉怡君)

**旅遊情報當然首重玩樂景點！但到異地絕對不能小覷當地的天氣變化、地形以及文化禁忌喔！**

## 實用網站

### ja.is：冰島精準地圖

http en.ja.is

Google Maps的地圖固然使用方便，但有時有冰島文辨識的問題，Já.is對荒郊野外或高地的道路辨識度精準許多。除了地圖功能外也有黃頁工商電話簿功能。(有APP)

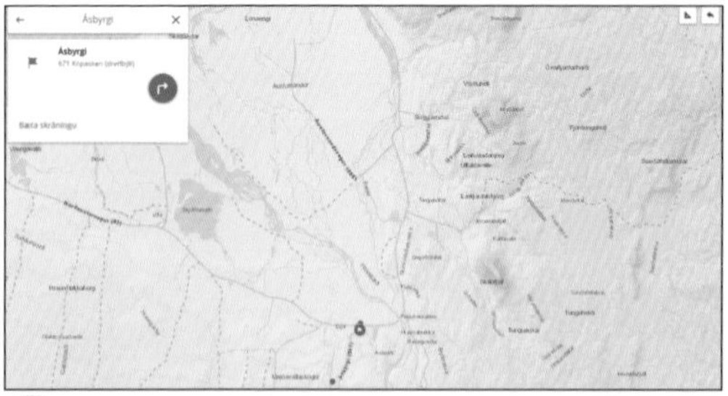


### publictransport：冰島大眾運輸連結網

http www.publictransport.is

可於網站內點選冰島境內任意路段，下方就會列出運輸公司選項。搭大眾運輸旅遊者可以此網站為交通規畫工具。

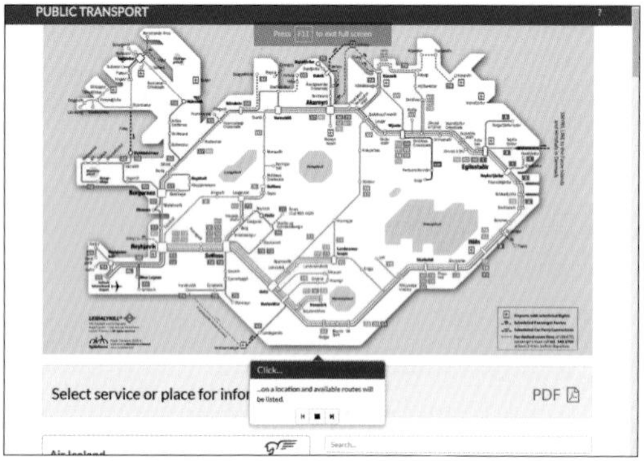


### vegagerdin：即時路況

http www.road.is

冬天時經常有路段因結冰或大雪封閉而無法前行的狀況，或者有時部分路段因修繕或氣候因素不開放，皆可由該網站得知最新訊息。開車環島的旅人可於每天出門前檢視當天所經路段是否暢通。(有APP)

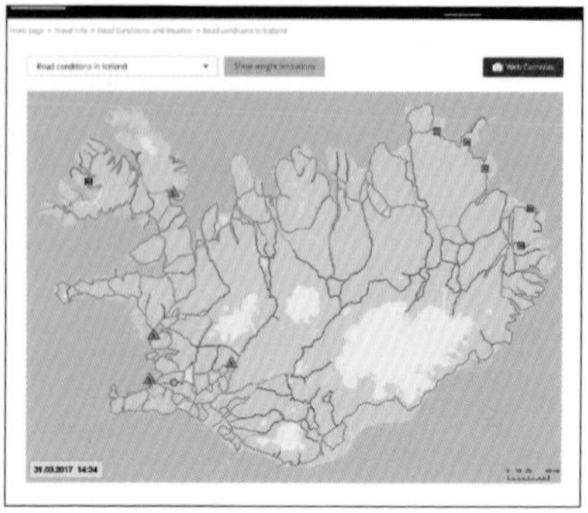

## vedur：天氣與極光預報

en.vedur.is

詳細預測冰島各地區的天氣狀況與雲層分布、極光以及紀錄。該網站的雲層預測功能可作為觀賞極光的參考，往雲少的地方移動有較高機會看見極光。(有APP)

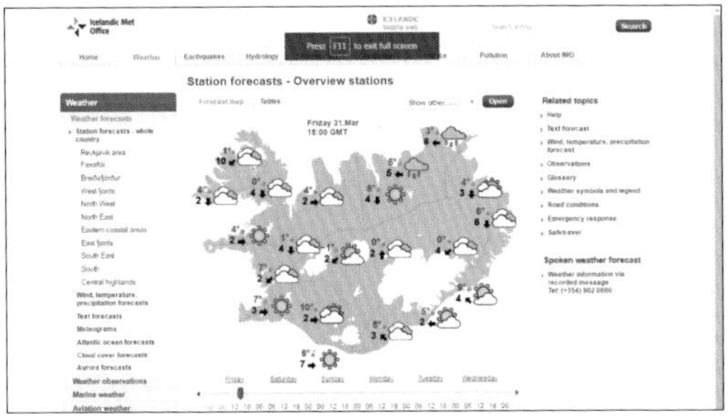


## Visit Reykjavik：首都旅遊資訊

www.visitreykjavik.is

擁有相當豐富且大量的旅遊訊息，包含雷克雅維克店家營業時間及消費等實用資訊。可於該網站上發掘所有食衣住行還有最新的節慶活動等娛樂資料。

## The Reykjavik Grapevine：冰島文化介紹

grapevine.is

Grapevine以精闢的角度介紹許多冰島各類藝術、文學、設計、音樂或社會相關的即時活動及人物，建議上該網站確認自己停留時間是否能碰上有趣的當地活動。

## MBL：冰島新聞

icelandmonitor.mbl.is

MBL是冰島最大報章媒體之一，該網站亦提供英文版本的當地重要政經、社會新聞，以及許多遊客們應注意的最新旅遊及文化動態。

## Guide to Iceland：豐富旅遊資訊網站

guidetoiceland.is

提供大量且全面、深入的旅遊及自然景觀訊息，內容包羅萬象，相當適合自助旅行者閱讀以了解景點及當地文化資訊。有簡體中文版。

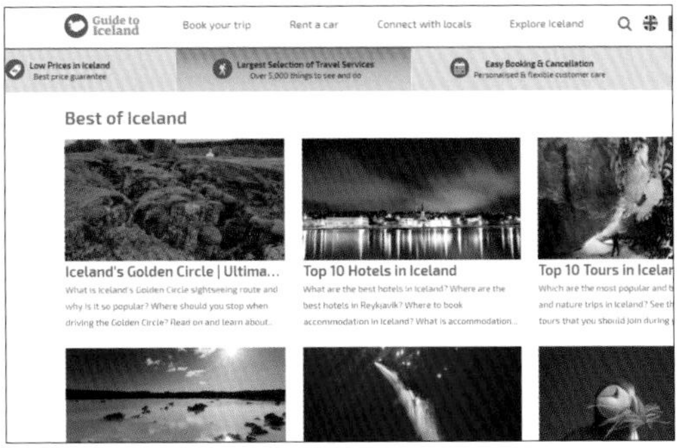

# 實用APP

這邊推薦4個十分好用的APP，大家可以先在手機上下載好，不論是臨時想喝啤酒，或是需要翻譯溝通、找旅遊資訊，甚至遇到緊急狀況的求救APP都有。

## Iceland Travel & Tourism Guide：冰島旅遊資訊

包含許多景點的詳細介紹與許多美圖，還有熱門的旅行團資訊，亦包含許多小鎮地圖、時下餐廳推薦等。圖文並茂但只有英文版本。

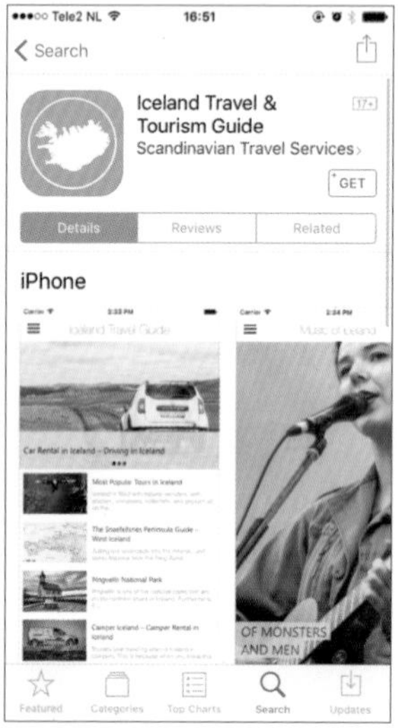


## appy hour：啤酒特惠酒吧查詢

由一票冰島大學學生在做專題時與Grapevine合作產生的APP，顯示所有首都地區正在進行Happy Hour啤酒特惠的酒吧。

## Google Translate：翻譯軟體

無法輸入冰島文也沒關係！只要用手機照相功能，Google的翻譯軟體一樣可以辨識並進行翻譯。

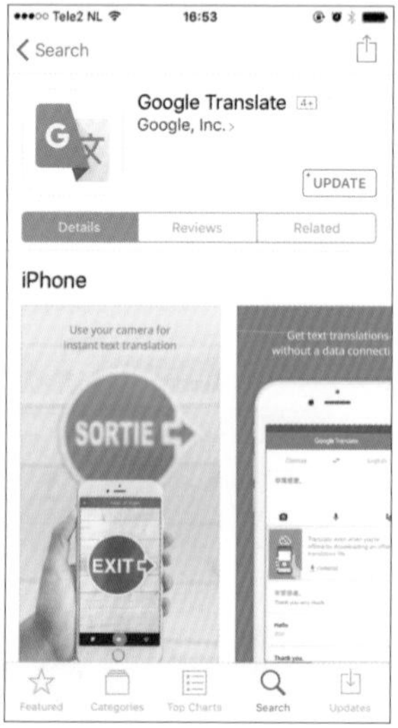


## 112 Iceland：緊急求救

由冰島搜救隊發出的APP可協助旅人定位增加安全性。綠色鈕僅是將手機定位送出功能，紅色鈕則會送出定位並向搜救隊發出求救訊號。登山或獨自旅行時如果遇到不測時極為有用。

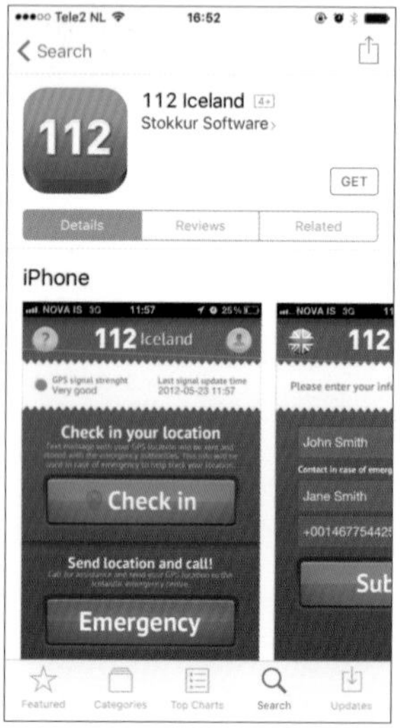

# 準備機票

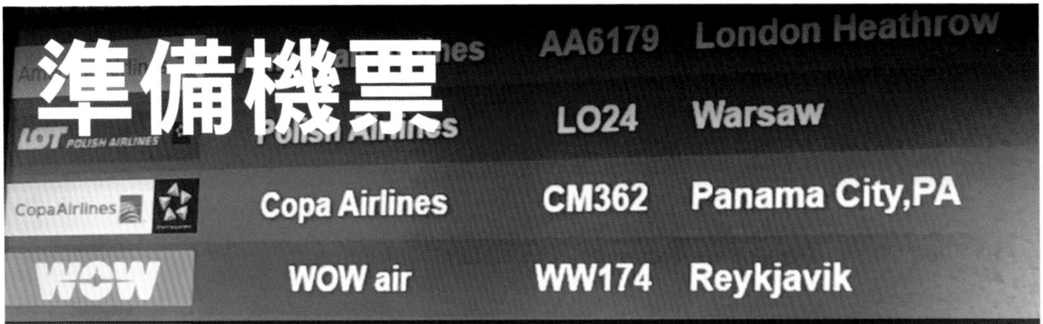


購買機票時需留意，臺灣到冰島無直飛航班。(圖片提供／劉怡君)

臺灣到冰島並無直飛航班，無論如何都需要到歐洲大城市轉機，因此可以用各種不同的機票組合查詢最划算的路線，或是安排停留不同城市轉機順道拜訪。

## 不同機票與轉機點組合

倫敦與阿姆斯特丹每天都有飛機前往冰島，因此最省時間的玩法是搭乘直飛班機前往這兩處之一後再轉機前往冰島。但若要中間轉機順便拜訪第三國的話則可在Skyscanner或Expedia等機票比價網站上進行比價。值得注意的是有時日本飛往北歐的機票也意料之外的便宜。

## 廉價航空機票

以飛往冰島的航班來說，冰島航空(Iceland Air)的班次最密集，其航點遍布歐洲與北美州的倫敦、巴黎、阿姆斯特丹、斯德哥爾摩與紐約、華盛頓等大城。此外也有如SAS、Lufthansa、norwegian、easyJet、Germanwings等亦提供季節限定的航班(通常是夏季)。但需注意廉價航空的機上飲食需額外付費、託運行李多需另外加購，機場也經常在較偏遠的小機場導致往返市區的交通費較高，因此訂購機票時需將這些因素考慮進去。關於出入冰島的國際航班可參考以下連結。

http www.visitreykjavik.is
(點THE CITY→AIR TRAVEL)

▶廉價航空通常對行李的大小及重量的要求較嚴格，托運前請先測量

### 機票比價這裡查

**Skyscanner** http www.skyscanner.net

**Expedia** http www.expedia.com

# 如何用網路訂機票

飛往歐洲的機票普遍由乘客上網訂購，操作僅需照著網站指示便可完成購票。若不擅外語則可搭配使用Chrome等瀏覽器的網頁翻譯功能確認步驟。

**貼心 小提醒**

### 機票提早訂較便宜

雖然廉價航空有時會有很突然的大促銷，但整體而言還是越早訂越便宜，因此建議只要日期決定了最好及早規畫機票與住宿。如果是多人共同出遊，建議提早選訂住宿以確保較多房型選擇。

**行家密技**

### 由冰島飛往格陵蘭與法羅群島

從冰島前往屬於丹麥的格陵蘭與法羅群島相當容易！格陵蘭有極巨大的冰河與冰山；法羅群島則有悠長的峽灣與小巧可愛的港口小鎮。Air Iceland每週有2～3個航班前往格陵蘭的Nuuk、Kulusuk以及法羅群島。雷克雅維克到Nuuk約3.5小時，到Kulusuk約2小時，到法羅群島則約1.5小時。6月～9月亦有格陵蘭的單日及三天兩夜旅行團。注意：從首都雷克雅維克出發的話是由國內機場起飛！

**Air Iceland** http www.airicelandconnect.com

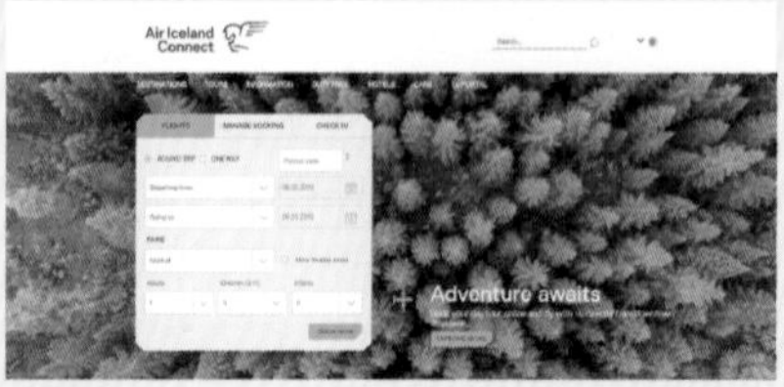


## 網路訂票步驟Step by Step

以下訂票步驟以冰島航空由荷蘭前往冰島的購票流程為例。 http www.icelandair.com

### Step 1 進入購票網站

進入航空公司網站後輸入起訖機場。亦可輸入城市名稱，系統會自動跳出機場代碼。

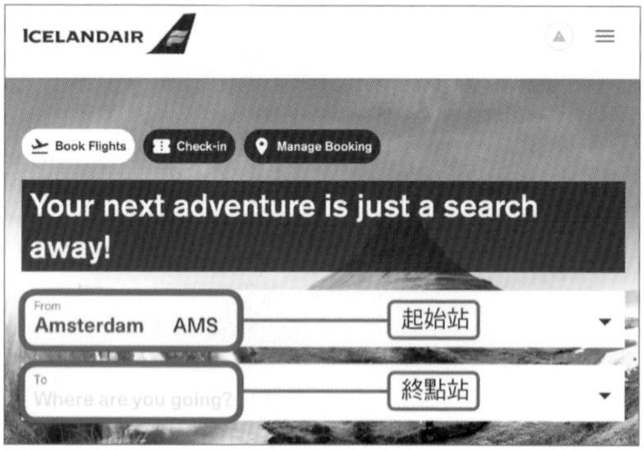


### Step 2 輸入出發及回程時間

選定起始站與終點站後，視窗自動轉換為下圖畫面，可繼續輸入預計出入境時間。

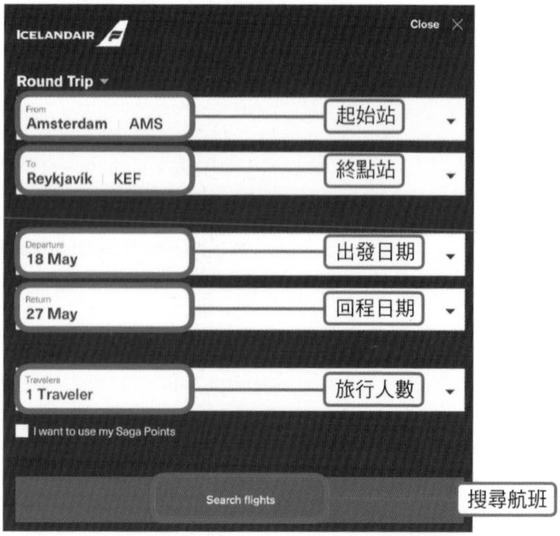

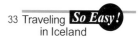

## Step 3 選擇班機時間與行李

搭配自己規畫的時間，選擇適合的航班，需預留2小時到機場辦理登機及託運行李。可點選不同的日期以確認其價格，確定日期及班機以後根據自己的行李需求直接點選價格以選定航班。選定來回班機後，點選Next繼續下一步。

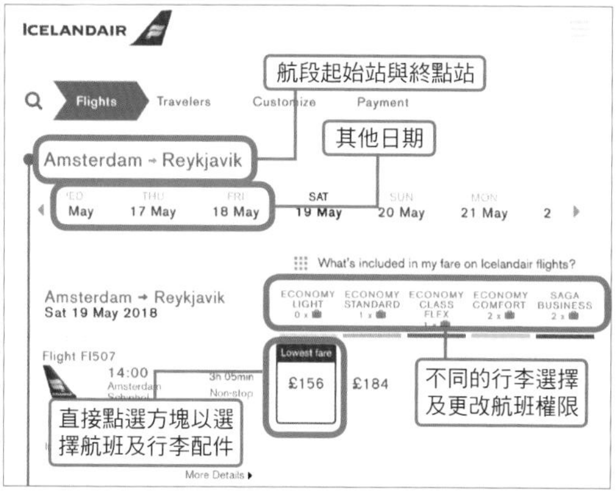


## Step 4 填入旅客基本資料

資料填入務必跟護照上的個人資訊完全吻合，否則會被拒絕登機。手機號碼可留會攜帶出國的手機以接收簡訊。資訊正確填入後按Next以進行下一步。

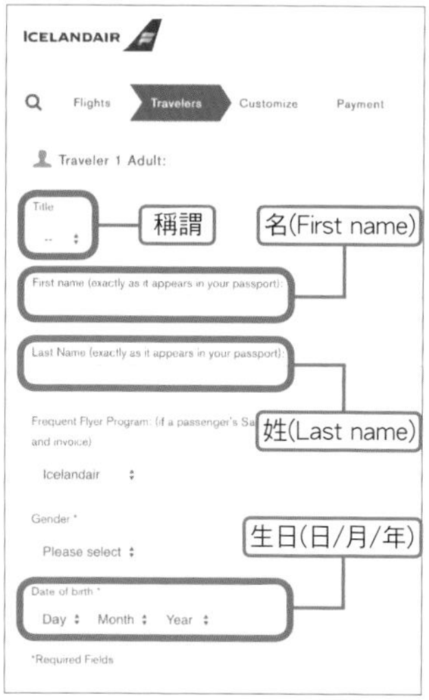


## Step 5 其他加購項目

直至上機前數小時都有機會加購行李及選擇位置或加點餐點。需注意這些服務皆需額外收費。可點選圖片上的select加購服務，若不需要則可直接到頁面最下方點選next以完成訂購。

## Step 6 付款並完成訂購

最後一步為付款，可透過信用卡線上即時付款。填入的信用卡資訊需完全符合信用卡上的資訊才能成功扣款(有些信用卡上英文名字拼音與護照不同)。所有資訊接正確填入後點選確認鍵。付款成功後系統會將購票通知以Email寄送到購票人信箱中，可將該Email儲存到手機或印出隨身攜帶。

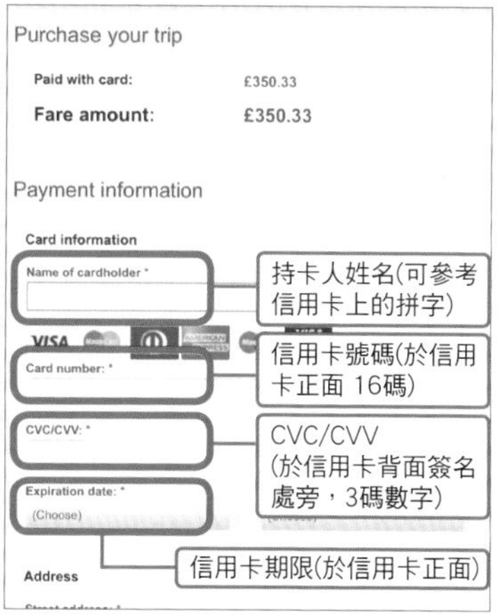

# 匯兌與信用卡

消費時信用卡較現金普及，離臺前需申請pin碼。(圖片提供／劉怡君)

## 信用卡、金融卡

冰島的信用卡使用十分普及，不限金額幾乎處處可以刷卡，許多當地人身上甚至一點現金都沒有。冰島目前除了雷克亞維客市區公車及跳蚤市場以外的商家都可以刷卡，甚至連計程車皆可接受刷卡，部分禮品店亦接受歐元。

臺灣有許多信用卡可累積紅利或海外刷卡回饋等優惠，出遊前可仔細比較各家方案決定集中使用單張信用卡。

## 現金

由於持現金需由臺幣轉換成歐元或美金，再到當地換成冰島克朗，相當於要支付兩次手續費，較為昂貴。使用信用卡與金融卡會是相對方便與便宜的消費方式。

## 旅行支票

冰島許多銀行不接受旅行支票或匯票，但可接受歐元或美金現鈔臨櫃兌換，路邊ATM也多可接受外國提款卡提領現金。如刷卡機無法讀取信用卡晶片時可建議店家使用刷卡功能。

**貼心小提醒**

### 記住自己金融卡pin碼

在歐洲比較普遍使用的是需要pin碼(pin code/pin number)的金融卡(debit card)，請務必事先向原發卡銀行確認pin碼或替代方案。部分店家可以no pin的方式刷卡，但刷卡時有部分商家仍需要pin碼才能過卡。近年來感應刷卡也逐漸普及，可事先開通功能便可快速刷卡。

**現金與信用卡／金融卡比較表**

| 付費方式 | 缺點 | 優點 |
|---|---|---|
| 現金 | ‧手續費高<br>‧現金用不完處理不便<br>‧無人加油站無法加油 | ‧避免信用卡刷不過的窘境<br>‧匯率固定方便記帳 |
| 信用卡／金融卡 | ‧少數店家僅接受金融卡<br>‧偶爾會有刷不過的窘境 | ‧累積紅利或里程數<br>‧無人加油站可加油 |

＊製表／林佩儀

# 冰島銀行

在2008年動搖國本的財務危機之後，Landsbanki、Arionbanki與Icelandbanki是冰島碩果僅存的銀行。並非每個分行都提供外幣現鈔兌換，如有現金兌換需求的話，建議事先在機場或首都雷克雅維克市區換好再開始旅程。

週一～五09:00～16:00，國定假日不營業

# ATM跨國提款

冰島的ATM機器只要一插入冰島境外銀行的卡片，就會自動轉換為英文。只要跟著螢幕上的指示操作便可以輕易提款。但是要注意提款時當地銀行會直接收取手續費。

## 跨國提款步驟Step by Step

### Step 1 插入卡片

輸入密碼後按鍵盤上綠色按鍵(Enter)確認。

### Step 2 輸入金額

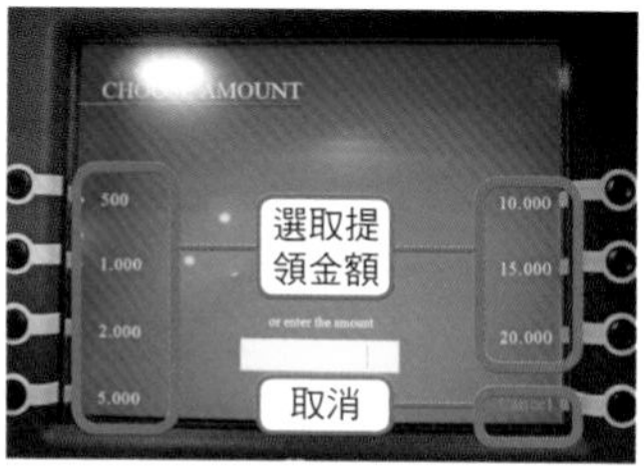


點選或輸入欲提領金額後綠色按確認鍵。

### Step 3 點選確認鍵

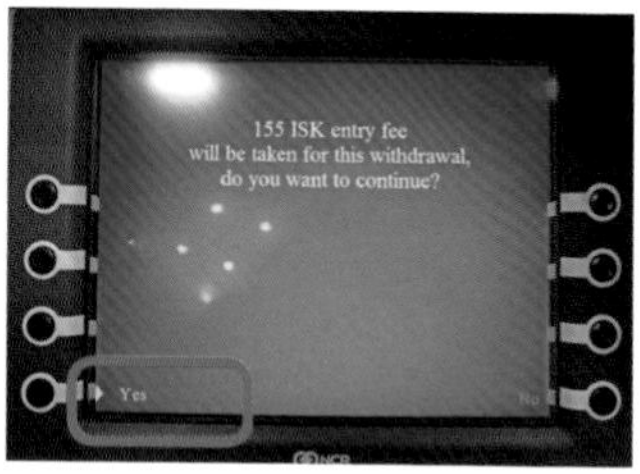


螢幕顯示手續費為155ISK，若可接受按綠色確認鍵，或Yes確認。

### Step 4 索取明細

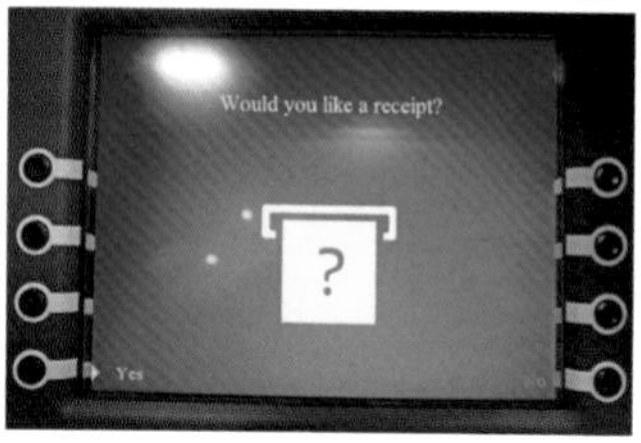


處理中請稍後，此時等待，並索取明細。

## 明細表解析

MAESTRO Withdrawal

Date : 21.12.2015
Time : 11:43
Bank automat no: 0323H091

Card No : XXXXXXXXXXXX6003

Amount : 5.000,00 kr.
Fee : 155,00 kr.
Total : 5.155,00 kr.

Authorization : 033V0Y7

A0000000043060
D6AB4B942CFC44FF0013

# 旅遊行程規畫

事先規畫旅遊方式，充分飽覽冰島之美。(圖片提供／劉怡君)

由臺灣出發的冰島團相當罕見，即便有也多是與北歐其他國家搭配的行程，通常價格高昂、停留時間短暫。最深入的旅遊方式還是自行駕車，可自由的決定時間與停留地點，再搭配當地旅行團認識風土民情或深入高地，是最適合冰島的旅行方式。

▲開得滿山滿谷的魯冰花

## 依季節規畫行程

許多人都說冰島只有冬天和夏天，因為春天仍會下雪而秋天已經冷冽。夏天的冰島適合爬山、賞鳥，享受難得的綠意盎然及和煦日照；冬天則可以賞雪、看極光，或是泡在溫泉裡話家常。以看極光為首要目標的旅客們而言，9月中下旬是最適合的季節。一整年中則以6～8月日照最長，氣候也最舒服，所以適合戶外活動及環島。冰島每個時節有不同的活動，幾乎一整年都適合旅遊，但若有特別的目標可參考下表配合時節造訪。

▲全家出動採藍莓是許多家庭的夏天任務

**冰島各月分活動表**

| 月分 | 1 | 2 | 3 | 4 | 5 | 6 | 7 | 8 | 9 | 10 | 11 | 12 |
|---|---|---|---|---|---|---|---|---|---|---|---|---|
| 極光 | ■ | ■ | ■ |  |  |  |  |  | ■ | ■ | ■ | ■ |
| 雪季 | ■ | ■ | ■ |  |  |  |  |  |  |  |  | ■ |
| 登山 |  |  |  |  |  | ■ | ■ | ■ | ■ |  |  |  |
| 賞鳥 |  |  |  | ■ | ■ | ■ |  |  |  |  |  |  |
| 賞鯨 |  |  |  |  |  | ■ | ■ | ■ |  |  |  |  |
| 植物 |  |  |  |  | 魯冰花 | 魯冰花 |  | 藍莓、野菇 | 藍莓、野菇 |  |  |  |

＊製表／林佩儀

# 自助搭配當地旅行團

除了極少數直接由臺灣出團以外，遊覽冰島可自行駕車，或是不駕車參加各種旅行團組合而成的豐富行程，當然兩者兼具可以將時間與旅遊趣味發揮到極致，例如駕車途中可短暫停留小鎮參加騎馬行程、到西人島參加當地小巴旅行團聽導遊介紹當地一草一木、跟隨品酒團導遊到處喝酒，或由專人帶領爬上千年冰川等，都是讓旅人們除了不斷開車觀賞風景之外，可以更加深入接觸這塊土地及當地人的好方式。

### 旅行方式比較表

| 旅行方式 | 優點 | 缺點 |
|---|---|---|
| 旅行團 | ・單獨旅行也暢行無阻<br>・有導遊解說 | ・無法隨意停留<br>・行程安排較鬆散 |
| 自行駕車 | ・自由度高可隨走隨停 | ・需3人以上比較划算 |
| 自駕搭配旅行團 | ・自由度高、藉由旅行團長增加深度與趣味 | ・需3人以上比較划算<br>・行程安排需事先詳細規畫 |
| 巴士環島 | ・只有一個人也可以環島 | ・時間預留需拉長<br>・經過喜歡的景點時無法多花時間停留 |

＊製表／林佩儀

# 基本物價消費

冰島消費指數大約介於西歐與其他北歐國家之間，但近年來因為旅遊業興盛，所以價格有往上飆漲的趨勢。冰島的物價雖比亞洲貴不少，但也沒有驚人到遙不可及的地步，以下列出基本消費與超市基本消費的價格參考。

### 基本消費項目列表

| 品項 | 價格(ISK)/人 |
|---|---|
| 住宿 | 5,000 |
| 輕食 | 1,500 |
| 餐廳 | 3,500 |
| 租車 | 8,000 起 |
| 自炊 | 1,000 |
| 公車 | 440 |
| 汽油(95) | 200 |
| 啤酒 | 900 |
| 拿鐵 | 550 |

＊食衣住行皆有各種價位可供選擇，此處僅列出平均價格供參考
＊製表／林佩儀
＊資料時有異動，請以官方公布的最新資料為主

### 超市基本消費項目列表

| 品項 | 價格(ISK) |
|---|---|
| 可樂(350毫升) | 80 |
| 雞大腿(公斤) | 890 |
| 義大利麵(包) | 200 |
| 麵包 | 200 |
| 牛奶(公升) | 150 |
| 雞蛋(打) | 620 |

＊價格以Bonus超市為例
＊製表／林佩儀

▲超市商品

▲油價為每日浮動價格

寒冷的天氣需注意衣著保暖，多加利用洋蔥式穿搭法。

前往北歐國家總免不了帶上一堆厚重衣物禦寒，但把握好防風防水，冬天加上毛帽、圍巾與手套的原則，冰島的冬天沒有想像中的冷！

## 衣物穿搭

### 防風防潑水是重點

冰島的均溫比同緯度其他地區相對溫暖，但經常颳大風、飄細雨，外衣的著裝重點是防風、防潑水。機能型的大衣如Gore-tex防風外套或Soft Shell軟殼外套，以及多口袋的外衣在冰島都極為實用。

### 洋蔥式穿搭法

冰島全年溫度約0～10度，天氣變化快經常刮大風下小雨。洋蔥式穿搭不僅可因應不同天氣狀況，也省去攜帶厚重衣物的困擾。毛帽、圍巾、手套是拜訪冰島的必需品，可視天氣需求增加保暖度；喜愛入鏡者可準備不同毛帽與圍巾做不同造型搭配；因大多時間需穿著外套禦寒，可考慮多帶外套替換入鏡。喜愛攝影者則可考慮較柔軟的皮手套以方便操作相機。墨鏡也是駕車或雪地中的必需品。

▲毛帽、圍巾及手套是拜訪冰島的必需品

### 內層輕薄外層禦寒

由於室內一定有暖氣，冰島人的內層穿著大多輕薄為主以求舒適，外層則較厚重以抗風禦寒。旅人們則可考慮多以保暖中層加上防潑水外衣的多層次穿搭，以因應各種天氣節省行李空間。

- **內層：**普通輕薄上衣，感覺冷時可套上fleece抓毛外套，或是polartec保暖外套。
- **中層：**fleece或polartec，保暖效果為主。
- **外層：**防風、防潑水的材質為佳，有多個口袋的外套相當實用。

▲保暖但不防風的fleece材質適合當作中層或於室內穿搭

▲防風、防潑水的外套，搭配保暖內層的洋蔥穿搭方式在冰島相當實用

## 四季穿搭提醒

■ **春天：**4月的冰島仍有下雪的機會，準備可因應各種天候的衣物較為保險。

■ **夏天：**6～8月為全年最舒適的季節，外層穿防風保暖外套，內層穿普通長袖上衣，腳下搭配普通鞋子。需準備太陽眼鏡應付斜射的長日照。

■ **秋天：**秋天多雨，不時颳大風，下雪機率不高但下雨天體感溫度較低，仍需注意保暖。

■ **冬天：**11月底開始有可能會下雪。建議外著毛帽、圍巾、手套、外層防風保暖外套，內層穿普通上衣，腳下搭配靴子或防潑水鞋子，最後建議準備太陽眼鏡應付雪地反光。

冬天戶外穿著，毛帽、手套、防水外衣及靴子是重點▶

▲夏天戶外穿著通常為內層輕薄，外面多加一件薄外套

**貼心 小提醒**

### 夏天露營也務必做好萬全準備

即便是夏天，冰島的高地仍有許多未融的積雪也有下雪的機會，務必做好萬全準備、詳細規畫路線與食物分配再前往，以免發生危險。

# 野外露營配備

許多歐美旅客喜歡在夏天進行健行或露營活動，野外露營配備首重防風、防水與保暖。露營設備在冰島價格昂貴，建議在臺灣就購買比在當地購買的價格更划算；但瓦斯罐、食物等耗材則到冰島後再採購即可，高地健行地圖可於書店購得。想到冰島以後在當地租用露營配備也可參考露營配備租用網站。

http www.iceland-camping-equipment.com

**健行與野外露營簡易清單**

| | |
|---|---|
| 食 | 食物、登山瓦斯爐、瓦斯罐、單日飲用水、方便口糧、打火機、餐具、刀、保溫杯 |
| 衣 | 防潑水外衣、手套、厚襪子、遮陽帽或毛帽、毛巾、太陽眼鏡 |
| 住 | 防水抗風帳篷、充氣床墊、睡袋 |
| 行 | 地圖、登山鞋、涼鞋(部分步道需溯溪) |
| 其他 | 防水袋、少量現金、緊急藥品、衛生用品、保養品 |
| 建議攜帶 | 登山手杖、枕頭、GPS、紙筆 |

*冰島的營地通常都會有乾淨水源與公共廁所，但淋浴間需額外付費
*製表／林佩儀

▲兩人份的配備，山上不缺水源僅需準備一天份的飲用水

▲有些營地布滿石頭，腳程慢的遊客就只能選到較不舒適的區塊

▲雨衣與手杖皆是必備品

# 行李打包技巧

## 大背包的選擇

以大背包為主要行李乘具而非行李箱的話，後背包至少要70公升以上才能裝下足以應付各類天氣的衣物以及登山用品。背包選用務必符合自己身形以減少負擔。

## 行李箱的選擇

前往冰島因衣物較為厚重，選用26吋以上的行李箱較為實用，但過大、笨重的行李箱會導致行動困難。冰島冬天有時路面會積雪結冰，選用結構強壯的行李箱較佳。

## 衣物

在北歐一年四季天氣偏冷，除非有運動量較大的行程否則平常出汗量很低，衣服可重複使用穿搭，換洗衣物不需準備太多。較蓬鬆的衣服可用真空袋壓縮，普通衣物則可捲起以節省更多空間。

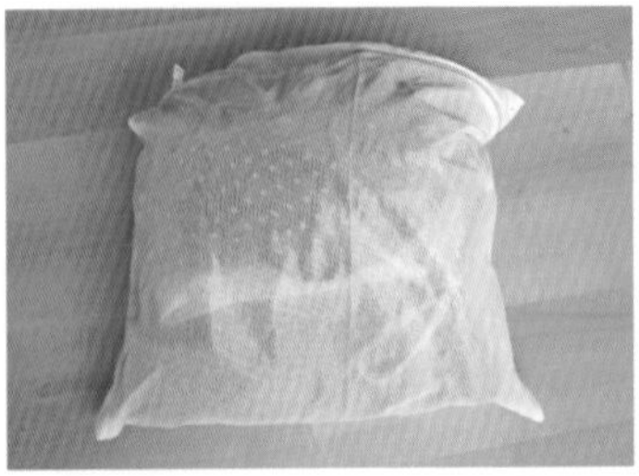

▲洗衣袋柔軟不占空間，可用來收納、分類衣服

▲空間不足時可將衣物用捲的方式並排或塞在物品縫隙中

## 盥洗用品

平時可將小包裝的盥洗用品、保養品的樣品保留，旅行時帶著使用可減省許多空間及重量。打包時可將盥洗用品放於容易取得的位置以節省時間。手提行李的液體瓶子不得超過100毫升，並且必須將所有液體一同放入透明袋子內過X光機檢驗，袋子需小於1公升。

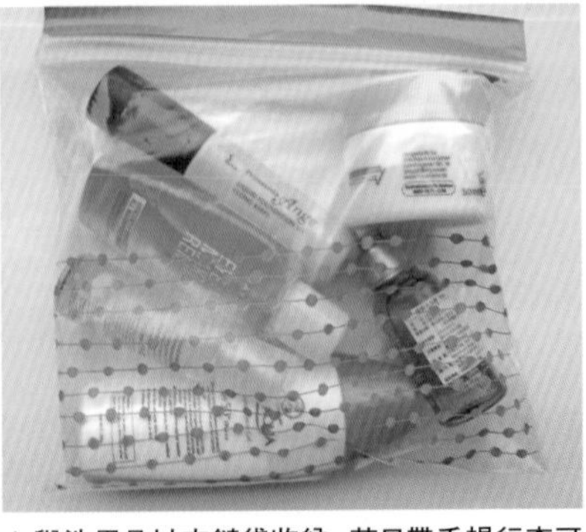

▲盥洗用品以夾鏈袋收納，若只帶手提行李可放於容易取得的地方過關較快

# 行李清單(檢查後打V)

| 證件類 | |
|---|---|
| 護照 | |
| 國際駕照 | |
| 駕照正本 | |
| 信用卡 | |
| 美金或歐元現鈔 | |
| 電子機票 | |
| 證件掃描備份 | |
| 訂房紀錄 | |
| **衣物** | |
| 毛帽、圍巾、手套、毛襪 | |
| 保暖外衣 | |
| 內層、貼身衣物、便鞋 | |

| 電子類 | |
|---|---|
| 手機 | |
| 相機 | |
| 腳架 | |
| 記憶卡 | |
| 相機備用電池 | |
| 充電器 | |
| 轉接頭 | |
| 行動電源 | |
| **雜物** | |
| 盥洗用品 | |
| 衛生用品 | |
| 保養用品 | |
| 緊急藥品 | |
| 墨鏡 | |
| 紙筆 | |

# 冰島語指指點點

## 行前準備篇

**Kort**
地圖／Map

**Ökuskírteini**
駕照／Driving license

**Vegabréf**
護照／Passport

**Vegabréfsáritun**
簽證／Visa

**Kalt**
冷／Cold

**Heitt**
熱／Hot

**Taka út pening**
提款／Withdraw money

**Banki**
銀行／Bank

**Kreditkort**
信用卡／Credit card

**Debetkort**
現金卡／Debit card

**Kvittun**
明細、收據／Receipt

**Mynt**
零錢／Coin

**Færslugjald**
轉帳費用／Transaction fee

**Meðhöndlunargjald**
手續費／Handling fee

# 機場篇 Airport

## 抵達機場後，如何順利出入境？

本章節詳細介紹凱夫拉維克機場的出入境方法與到達、離開的交通方式。凱夫拉維克機場前往首都市區的巴士頻繁往返，旅人可以輕鬆搭乘巴士前往首都市區以開啟旅程。

(小圖圖片提供／劉怡君)

LIU/YICHUNMS
LOS ANGELES
KEFLAVIK
WW 174
26MAY
21:50
GATE
157
BOARDING AT
2050
SEC
273
SEAT
41-F
15 MINUTES BEFORE DEPARTURE

WOW

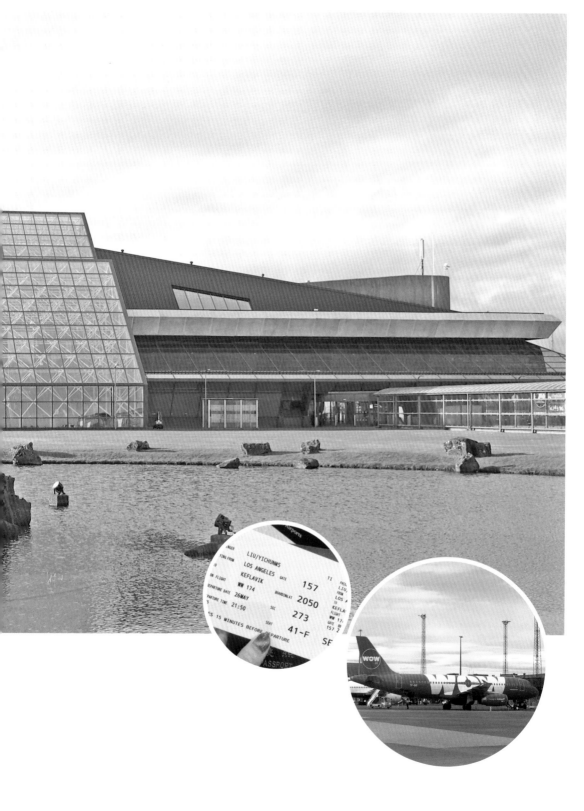

# 如何搭飛機前往冰島

臺灣無直航班機，需要轉機。(圖片提供／劉怡君)

臺灣目前無直航班機飛往冰島，前往冰島大多由歐洲大城市或美國東岸轉機。所以在出發地託運行李時，請記得先向地勤確認行李是否可直掛冰島。如需中途提領行李再次託運的話請參照出境步驟而後再次執行入境步驟登機。本章介紹的轉機資訊適用於行李直掛。

## 凱夫拉維克國際機場

凱夫拉維克國際機場(Keflavík International Airport)，凱夫拉維克(冰島文中，Keflavík的f實為b的發音，原文較接近凱布拉維克)位於冰島西南方，1940年美蘇冷戰期間由美軍建立，當時作為空軍基地而後成為民航機用機場，現今也是大多旅客出入境冰島的管道。近年來更成為美國與歐洲之間的大轉運站。

▲凱夫拉維克國際機場外觀

距離首都雷克雅維克1小時車程(50公里)，距離藍湖20分鐘車程(23公里)。凱夫拉維克機場規模不大，內部動線簡單、標誌好懂。近年來冰島航空亦大量發展由歐洲往來美洲的航班，冰島機場目前正在積極擴建以應付更多旅客。

▲凱夫拉維克機場外觀及藝術雕像The Jet Nest

**貼心小提醒**

**轉機時登機證取得辦法**

有時在出發地航空公司無法一次將所有登機證印出，或尚無法確認登機口及座位等資訊，可於轉機時找尋機場內自助報到機器自行列印登機證。現大多公司亦提供線上登機並可將登機證以QR碼的形式存於手機內，可直接由手機等載具出示登機證通行。

## 機場內外設施介紹

機場內有銀行、餐廳、小超市、各種禮品店與冰島品牌服飾店，甚至是冰島特色食品、啤酒應有盡有，登機前仍有機會買齊不足的禮物。機場內部亦有郵筒，離境後仍有機會將來不及送出的明信片寄出。

餐廳

酒吧

休息區

藥局

藍湖周邊商店

北歐食品店

銀行

提供退稅及換匯。

書局

售有明信片與郵票，機場內也設有郵筒。

免稅店

販售冰島品牌保養品、點心零食等商品。

66°N

冰島國民人手一件的66°N，在此可以把握最後的血拼機會。

## 行家密技　如何搭飛機前往阿庫雷里

如果要去北部阿庫雷里遊玩的話，飛往阿庫雷里(Akureyri)的班機並不是由凱夫拉維克機場出發，而是由位於雷克雅維克的雷克雅維克國內機場(Reykjavik Domestic Airport)出發。

由凱夫拉維克機場可搭乘機場巴士Gray Line或者Flybus(Reykjavik Excursion)到雷克雅維克國內機場，車程約需1小時15分鐘，可照P.50機場巴士指示購票；由雷克雅維克市區出發者則可搭乘15號公車前往雷克雅維克國內機場，車程約需15分鐘。

▲位於雷克雅維克的雷克雅維克國內機場

## 轉機至冰島Step by Step

本書以荷蘭史基浦機場為例，引導大家如何由第三國轉機至冰島。

### Step 1 列印登機證

掃描護照便可自行列印登機證與登機，以及座位資訊。

### Step 2 查看電子看板

找到最近的電子看板查詢轉機資訊。

離境班機資訊
Flight departures | Vertrekken
11:48:04
Saturday, 19 December
Destination
Flight
Gate
Remarks
班機號碼
目的地
登機門
12:30 Frankfurt KL 1767 10 min B18
12:35 Berlin Schonefeld EZY 4564 M2 via Baggage hall
12:35 Marseille AF 1821 4 min C5
12:35 Aruba KL 0765 13 min E9 Please go to gate
12:40 Chicago KL 0611 16 min F9 Please go to gate
12:40 Calgary KL 0677 10 min E2 Please go to gate
12:40 Lisbon CZ 7967 6 min C14 Please go to gate
12:45 Hong Kong CX 270 18 min G3
12:45 New Delhi KL 0871 16 min F7 Please go to gate


### Step 3 確認登機資訊

確認登機時間及閘口，通常電子看板會顯示班機登機及延遲資訊。

12:45 New Delhi KL 0871 16 min F7
12:45 Manchester CI 9375 7 min D4
12:45 St.Petersburg KL 1395 15 min D52
12:45 Birmingham KL 1425 7 min D6
12:55 Reykjavik FI 507 3 min D64
12:55 Bogota KL 0745 13 min F3
比對地點、班機號碼與起飛時間
13:00 Salzburg EZY 7993 M
13:00 Moscow SU 2551 19 min G4
13:00 Atlanta DL 0075 5 min D1


### Step 4 前往登機口

跟隨指標在登機時間左右抵達登機口。

### Step 5 登機

按照空服員指示依序登機。

# 出入境冰島程序

由申根區國家進入冰島相當容易，沒有物品需要申報的話，只要領了行李，免填申請表便可直接入境，海關有時會在入境口前不定時抽查旅客行李；若由非申根區(如英國)轉機至冰島，則仍免填申請表，但是必須由海關檢查護照並蓋戳章入關。

## 入境冰島Step by Step

### Step 1 跟隨指標出境

下飛機後跟隨Arrival及Baggage Claim字樣入境。

### Step 2 通過入境閘門

過了入境閘門後，便無法再回到登機口。

### Step 3 提領行李

確認行李轉盤編號後提領行李，行李通常會需要15分鐘左右送抵轉盤。如果你的行李非一般登機箱，像是過長的行李、大背包或是樂器等異常尺寸的行李，因為怕背帶被轉盤捲進去，所以行李有可能會被放在odd-size baggage 區。

Flight
Airline
From
ETA
Belt
班機號碼
起飛地點
轉盤號碼
Amsterdam Schiphol 15:32 3
FI207 Copenhagen 15:54 1
WW503 Warsaw 16:00 1
FI307 Stockholm Arlanda 16:15 2
FI533 Munich 16:36 1
FI543 Paris Charles De Gaulle 16:50 3
FI521
WW905
FI471
FI545
EZY3033
EZY8507

### Step 4 出關

有需要申報物品則左轉前往海關處，無申報物品則直接往前走出關。

# 出境冰島Step by Step

冰島出境時不需要填單，僅需準備好護照及登機證。

## Step 1 列印登機證

請自行去自助報到機列印登機證，選擇航空公司後將護照的照片面放上機器掃描，並按照指示操作列印登記證。

## Step 2 託運行李

帶著登機證前往櫃檯託運行李。

## Step 3 沿指標走

完成託運行李後，跟著Departures(離境)或All Gate(出口)的指標走。

## Step 4 通過安檢

跟著Security Check(安全檢查)指示前進，注意安檢注意事項通過安檢，依照編號前往對應登機門。

# 如何從機場前往市區

有四種方式來往機場與市區。

由機場往返首都有四種方式：機場巴士、自行駕車、公車及包車，通常以機場巴士與自駕最為方便。

**機場往返首都交通方式比較表**

| 交通方式 | 單趟費用(ISK) | 時間 | 優點 | 缺點 |
|---|---|---|---|---|
| 機場巴士 | 2,999 起 | 50分鐘(不含等待時間) | 便宜方便，班次頻繁，即使是凌晨的班機也不用擔心往返首都的交通。可直接抵達部分指定旅館 | 需前往指定旅館待接送，若從民宅及Airbnb出發，則需前往附近旅館或轉運站乘車。亦需等待其他乘客一同發車 |
| 租車自駕 | 8,000 起 | 50分鐘 | 機動性高，可直接由機場附近開始旅行 | 以天數計價，需一開始就將所有行程規畫完善以搭配租車 |
| 公車 | 1,880 | 70分鐘 | 價格平實，到市區後仍有30分鐘時間可免費轉乘市區公車 | 班次少，中間有可能需要轉車，對冰島大眾運輸及路名不熟的乘客難度高 |
| 計程車 | 15,000 起 | 50分鐘 | 省時間，可與他人共乘分攤車資 | 價格昂貴(不以里程計費，以趟計費) |

＊製表／林佩儀

## 租車自駕

原本就有計畫要租車遊玩冰島，或住宿地點離市區稍遠的話，由機場取車自駕直接上路也是個好方法，但機場取車的價格通常會較市區取車稍貴一些，並且強烈建議事先預約才能選擇理想的車款。部分租車公司設櫃於機場外圍，可搭乘租車公司聯合設置的接駁車前往取車。租車的詳細內容請見租車篇。

▲機場內的租車公司櫃檯

▲可搭乘租車公司接駁車前往機場外圍的租車公司櫃檯

# 機場巴士

機場前往首都雷克雅維克有Grey Line、flybus(Reykjavik Excursion)及Airport Direct共3種可選，以上在凱夫拉維克機場離境大廳皆有販售點，行車時間約50分鐘，車內皆有無線網路供使用。全年於任何時間抵達冰島都有車接駁前往市區，班機離境前3小時也有巴士前往機場。Grey Line及Flybus的旅館接送服務需先搭乘大巴至總站後再換小巴至旅館；Airport Direct除上述服務外，亦有小巴由機場直達飯店門口，省去等待時間。三者皆可事先線上購票，且機場巴士上皆有附設無線網路。

Grey line及Airport Direct的巴士總站位於市區外圍，若使用這兩家服務，建議訂購旅館機場往返服務。Flybus總站位於BSÍ，離舊城區較近，行李輕便者可直接步行到市區。

▲Grey Line與Flybus購票櫃檯都在出境出口正前方

## 貼心小提醒

### 巴士到達各飯店有直達車與轉乘車

如果不在巴士總站下車，而是要去飯店的旅客，於網站預約時可選擇以飯店為目的地；若現場購票，則直接告知售票人員目的地。巴士抵達市區時需要注意司機廣播，司機會告知原車直達的飯店名稱，以及需下車換小巴士轉乘的飯店名稱。原車直達的旅客留在車上即可，需換車的旅客則依照司機指示搭乘指定小巴士。不論直達或是轉乘，費用皆包含在票券中。許多旅館不方便停車，需步行至附近公車站候車。

**機場巴士比較表**

| 機場巴士 | 總站 | 機場到總站(單趟/來回) | 機場到首都地區旅館(單趟/來回) |
|---|---|---|---|
| Grey Line | Skarfabakki港口 | 18／36 EUR | 26／50 EUR |
| Flybus | BSÍ | 3,499／6,499 ISK | 4,499／7,999 ISK |
| Airport Direct Economy | 近珍珠樓 | 4,150／6,350 ISK | 4,150／8,650 ISK |
| Airport Direct Premium | 不需進總站 | - | 5,990／10,990 ISK |

＊製表／林佩儀　＊資料時有異動，請以官方公布的最新資料為主

## 機場巴士資訊這裡查

**Grey Line** http grayline.is/airport-transfer
雷克雅維克上車地點：旅館或Gray Line Bus Terminal

**Flybus** http www.re.is/flybus
雷克雅維克上車地點：旅館或BSÍ Bus Terminal

**Airport Direct** http airportdirect.is
雷克雅維克上車地點：旅館或Airport Direct Bus Terminal

## 行家密技　搭機場巴士遊藍湖溫泉

Flybus與Airport Direct皆提供巴士往返機場與藍湖，亦可由藍湖往返雷克雅維克。如果抵達冰島時早於飯店Check in時間，可先遊藍湖溫泉，再至市區住宿處，行程將更順暢。

## 購票小紙條

____miđa á hotel____ í Reykjavík, takk.
(____tickets to Hostel ____ in Reykjavik, please./ ____張車票到雷克雅維克的____旅館，謝謝。)

____Fullorđins (Adult/成人)

____Barna (Child/兒童)

____Brottfarartími
(Departure time/出發時間)

☐ Ađra leiđ (One way/單程)

☐ Báđar leiđir (Return/來回)

## 機場巴士搭乘Step by Step

### Step 1 至櫃檯買票

機場巴士可以事先線上購票或到臨櫃購票，出關之後正前方即可看到Grey Line或Flybus的櫃檯。

### Step 2 前往搭車

購買票券後跟隨Bus to Reykjavik的指示前往搭車處，搭車處在購票櫃檯後方的出口。

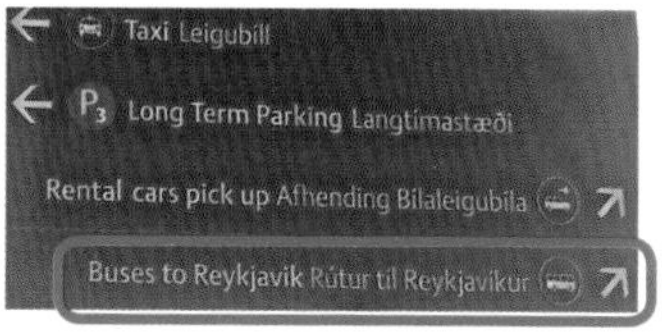


### Step 3 出示票券並上車

上車前出示票券並告知司機旅館名稱或地址，上車坐定後會有員工上前數人數並收票券或查詢電子車票。

## 冰島語指指點點 機場篇

| | |
|---|---|
| **Strætó** | 巴士／Bus |
| **Tengiflug** | 轉機／Transfer |
| **Ferja** | 渡輪／Ferry |
| **Útgangur** | 出口／Exit |
| **Flugvöllur** | 機場／Airport |
| **Flugmiði** | 機票／Flight ticket |
| **Flugmiði** | 登機證／Boarding pass |
| **Komur** | 入境／Arrivals |
| **Brottfarir** | 出境／Departure |
| **Áfangastaður** | 終點站／Final destination |

# 交通篇 Transportation

## 暢遊冰島，該使用什麼交通工具？

在冰島內的移動方式選擇很有限也很簡單，首都以外地區以租車和長途巴士為主；在首都地區大多景點走路可達，或可搭乘巴士。本章節介紹了各種不同行程所適合的交通工具及各類事項與撇步。

(小圖圖片提供／劉怡君)

WWW.HBA.IS

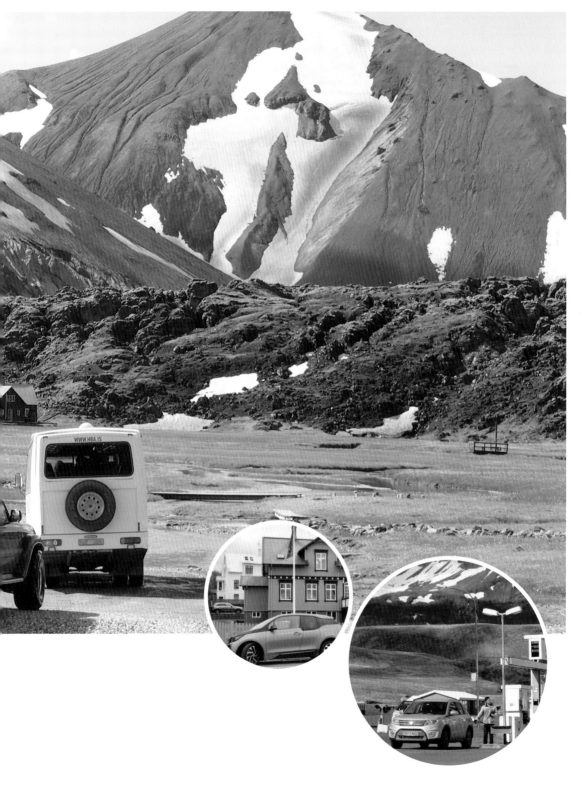

# 冰島境內交通工具

租車自駕是最便捷的方式，但是利用巴士套票也能玩得盡興！(圖片提供／劉怡君)

冰島境內大眾運輸選擇不多，可以到達的範圍也相當有限，若選擇跟當地旅行團或搭乘長途巴士的旅客，行程規畫不宜太過緊湊。租車自駕是機動性與自由度最高的旅遊方式。

## 租車自駕

租車自駕在冰島絕對是讓旅人玩得最有效率又最徹底的方式，看到美景可隨時停車遊覽，也不用被巴士或旅行團限制時間。租車所需文件為：護照、國際駕照與信用卡。規畫行程時可以先將自己的行程與還車地點都考慮進去，借還地點不同時會加價。

### 租車公司

租車時需注意，大部分租車公司原則是空油桶出租便可空油桶回，若出租時油箱是滿的則需將油箱補滿，領車時向工作人員詢問還車時是否需將油箱加滿油，否則租車公司會額外收取費用以補油資。

旅客們可事先網上搜尋比價與選擇不同車款，租車公司通常也提供需加價的接送服務。

▲自駕是旅遊冰島最便捷的方式，道路寬敞好駛
(圖片提供／劉怡君)

#### 租車資訊這裡查

**Hertz租車公司**

Hertz租車公司是冰島最多據點的租車公司，以下是Hertz離首都最近的據點。

✉ Flugvallarvegur 5, Reykjavík
☎ +354-522-4400
🕘 週一～日08:00～18:00
http www.hertz.is

**其他租車網站**

冰島租車公司有很多家，下列列出兩租車公司予以參考。

**Blue Car Rental** http www.bluecarrental.is
**Avis** http en.avis.is

# 注意事項

## 路上駕駛

勿將汽車開上非道路區域(off road)，以免破壞生態與受罰，非四輪傳動車勿開上F Road。禮讓行人，經過人行道時放慢速度。事先於網路上觀看影片，學習換輪胎技巧。

▲冰島部分道路狀況不佳，事先知悉換輪胎技巧，有備無患

## 車速

在冰島駕車因道路平坦無車，很容易不知不覺速度飆高，尤其是在1號公路上，因為它筆直又好開，駕駛很容易超速。

## 停車

颳大風時勿順風向停車，以防車門折損。

## 注意動物

注意過馬路的羊群或麋鹿。

## 緊急求助

遇到緊急狀況可撥112求助。

## 租車保險

租車時強烈建議同時購買保險。租車人為主要駕駛，登記多位駕駛需加價，但仍建議一同登記其他駕駛名字在合約中，以防保險公司不認賠。

## 冬天駕車

冬天駕車務必使用輪胎上附有釘子的防滑雪胎，對雪地駕車不熟悉或沒信心的旅人千萬不要貿然上路。遇到結冰路面打滑時方向盤抓穩、速度放慢。車內需配備車用刮雪板，行車前將窗戶上結霜刮除以確保能見度。沒有雪地駕駛經驗切勿貿然上路。冬天駕車時整天都需開啟車燈。

▲冬天時路面會積雪結冰，務必使用防滑雪胎

▲上路前以刮雪板除霜

## 租還車Step by Step

### Step 1 前往櫃檯

至租車櫃檯向員工出示護照、駕照正本、國際駕照以及預約信。

### Step 2 詳讀合約條款

簽署合約，仔細檢視租車所包含的內容及條款。

Hertz
RENTAL AGREEMENT NO: 82810529-4
--- RENTER'S DETAILS ---
--- ESTIMATED CHARGES ---
--- RENTAL DETAILS ---
Vehicle: YARIS BENZIN AUTO
Unlimited Kilometers
THE RENTER AGREES TO RETURN THE RENTED VEHICLE TO:
REYKJAVIK DOWNTOWN
--- COVERAGE DECLARATION ---
OPTIONAL COVERAGES

### Step 3 加購保險

租車公司會詢問你是否需要加購保險。

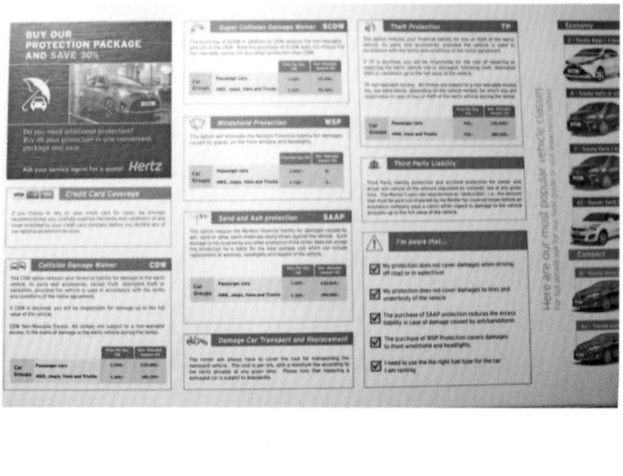


### Step 4 付費領車

租車公司會提供汽車狀況副本，領車時若發現車子有損傷未於副本上紀錄可當場向租車公司反映。客戶簽署合約，現場以信用卡付費後拿取鑰匙。需注意即便以現金付款，租車公司仍會要求過刷租車人的信用卡，以確保之後必要時可求償。

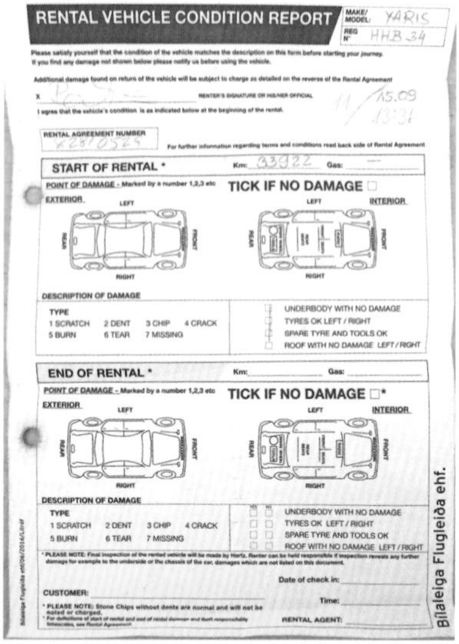
RENTAL VEHICLE CONDITION REPORT
MAKE/MODEL: YARIS
REG Nº: HHB 34
RENTAL AGREEMENT NUMBER
START OF RENTAL * Km: 33922 Gas:
POINT OF DAMAGE - Marked by a number 1,2,3 etc
TICK IF NO DAMAGE
EXTERIOR LEFT RIGHT REAR FRONT INTERIOR
DESCRIPTION OF DAMAGE
TYPE
1 SCRATCH 2 DENT 3 CHIP 4 CRACK
5 BURN 6 TEAR 7 MISSING
UNDERBODY WITH NO DAMAGE
TYRES OK LEFT / RIGHT
SPARE TYRE AND TOOLS OK
ROOF WITH NO DAMAGE LEFT / RIGHT
END OF RENTAL * Km: Gas:
CUSTOMER:
Date of check in:
Time:
RENTAL AGENT:
Bílaleiga Flugleiða ehf.

### Step 5 檢查車況，上路

取車後先確認儀表板、暖氣及除霧等功能操作方式，並確認汽車說明書是否有在車內，可上路，建議同時將汽車各面拍照存證。

### Step 6 還車並取得收據

還車時將汽車回復原樣後開回租車公司停放，將鑰匙還予櫃檯人員。櫃檯人員巡視油箱並檢視汽車外觀是否如交車時一致或有損傷。經檢視後租車公

司會開立收據,內含有里程數以及最終費用等細節。

# 自助加油

　　冰島加油站皆為自助加油,現今冰島大多的自助加油站皆有英文操作介面。附有小超商的加油站可在超商內刷卡或以現金結帳。荒郊野外的加油站就只能靠ATM刷卡自行結帳。加油站結帳亦可購買加油預付卡或儲值磁釦(Tag),但較不方便的是僅能在同品牌加油站加油,且未使用完無法退現金。部分加油站僅提供使用磁釦服務但並沒有額外折扣。

▲冰島加油站皆為自助加油(圖片提供/劉怡君)

## 貼心／小提醒

### 加油站附設超商

　　若擔心刷卡與操作問題則可以找有附超商的加油站加油。先進入超商告知店員加油槍號碼後便可進行加油,而後於超商內刷卡或現金付費即可。

# 加油流程說明圖

# LEIÐBEININGAR

EN INSTRUCTIONS DE ANLEITUNG

**Veldu greiðslumáta og fylgdu leiðbeiningum á skjá.**
EN Choose your payment method. Follow instructions on screen.
DE Wähle Sie Zahlungsmethode. Folgen Sie die Anweisungen auf dem Monitor.

1.選擇付費方式並依照螢幕指示操作

**Berðu lykil að skynjara.**
**Athugaðu að afsláttur gildir ekki hér.**
EN Place tag against sensor. Discount is not available here.
DE Führen Sie Ihre Karte oder -marke an den Sensor. Rabatt gilt hier nicht.

2.將磁扣置於感應器前

**Settu kort í raufina.**
**Veldu „fylla" eða upphæð af skjá.**
EN Insert card into the slot. Choose amount on screen.
DE Führen Sie Ihre karte in den Schlitz ein und wählen Sie eine Geldsumme.

3.置入卡片後於螢幕上選擇加油金額

**Þegar „DÆLA ER TILBÚIN"**
**má byrja að dæla.**
EN When payment has been approved 'DÆLA ER TILBÚIN' will appear. Remove the nozzle and start fueling.
DE Nach der Überprüfung der Zahlung scheint auf dem Monitor. DÆLA ER TILBÚIN: Nehmen Sie den Zapfhahn und sie können tanken.

4.螢幕顯示付款成功後,可取加油槍開始加油

**AÐEINS ER GREITT FYRIR**
**ÞÁ UPPHÆÐ SEM DÆLT ER FYRIR.**
EN YOU ONLY PAY FOR THE AMOUNT YOU PUMP.
DE BEZAHLUNG NUR FÜR DIE GETANKTE MENGE.

**Neyðarsími: (+354) 444 3024**
EN Emergency DE Notfall

# 操作自助加油站Step by Step

本書以N1自助加油站為例。

## Step 1 確認油槍號碼後操作機器

將汽車油箱側停靠在加油槍旁，記住加油槍號碼後操作機器。

## Step 2 選擇語言

選擇操作語言或直接插入信用卡以冰島文操作。

## Step 3 插入信用卡

插入信用卡或金融卡後，輸入pin碼。

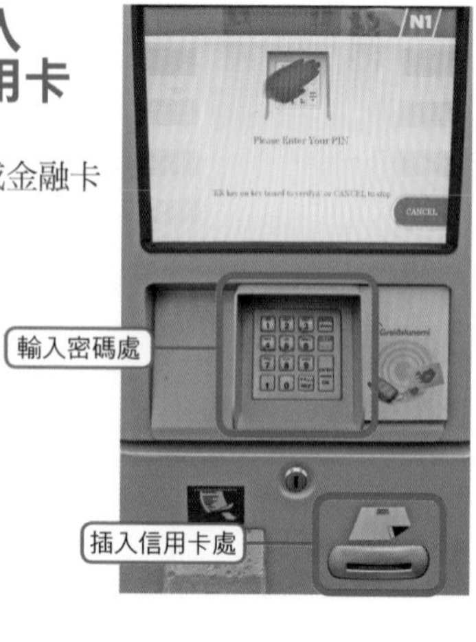


## Step 4 選擇加油金額

選擇加油金額，若油箱在加到所選加油金額前已滿，機器僅會收取實際加油量的金額。

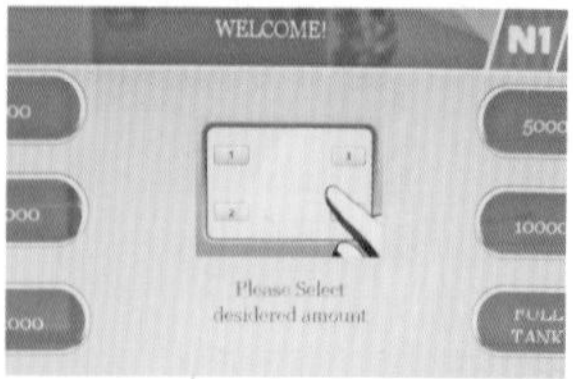


## Step 5 選擇加油槍號碼並加油

## Step 6 按住油槍，加油

將加油槍置入油箱中，握緊油槍與彈片直至跳槍為止。

## Step 7 金額顯示

最後實際金額會顯示在儀表板上。

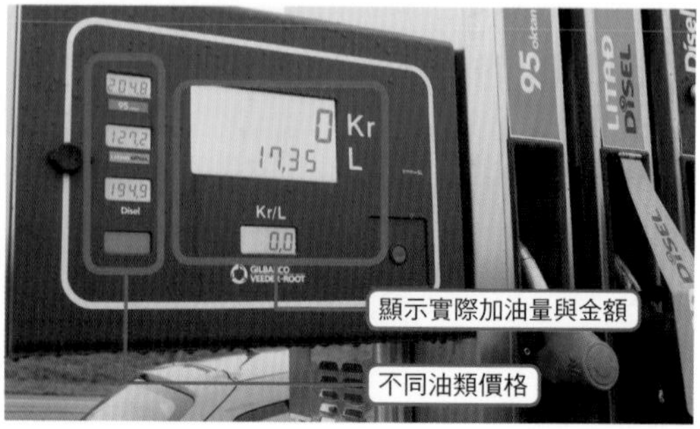

# 長途巴士

若是不善長途開車，或想要悠哉地遊玩，卻又不想跟著旅行團上下車，可考慮搭乘Strætó營運的長途巴士。

## Strætó

Strætó巴士中途會停靠冰島各大著名景點，缺點是班次不多，需預留較多時間往返景點之間，建議務必事先確認每站的出發時間，並提早到定點等待。不過與參加旅行團相比，長途巴士的價格便宜許多。可使用Strætó網站及手機APP規畫行程，在首都地區內亦可使用APP購票。

▲Strætó長途巴士外觀

## Strætó票價計算方式

Strætó的票價以累進方式計算，以雷克雅維克到阿庫雷里為例，圖表上顯示由雷克雅維克到阿庫雷里需要22張單程票(每張470 ISK)。可於首都市區的10-11超商或在公車上向司機購票，首都地區之外的長途巴士皆可以信用卡付款。

| Leið 57 - Frá Mjódd að: | Almennt fargjald | 12-17 ára | 6-11 ára | Aldraðir og öryrkjar | Miðar |
|---|---|---|---|---|---|
| Reykjavík | 470 kr. | 165 kr. | 71 kr. | 145 kr. | 1 |
| Akranes | 940 kr. | 330 kr. | 142 kr. | 290 kr. | 2 |
| Borgarnes | 1.880 kr. | 660 kr. | 284 kr. | 580 kr. | 4 |
| Baula | 2.350 kr. | 825 kr. | 355 kr. | 725 kr. | 5 |
| Bifröst | 2.820 kr. | 990 kr. | 426 kr. | 870 kr. | 6 |
| Staðarskáli | 4.700 kr. | 1.650 kr. | 710 kr. | 1.450 kr. | 10 |
| Hvammstanga | 6.110 kr. | 2.145 kr. | 923 kr. | 1.885 kr. | 13 |
| Blönduós | 7.520 kr. | 2.640 kr. | 1.136 kr. | 2.320 kr. | 16 |
| *Skagaströnd (84) | 7.990 kr. | 2.805 kr. | 1.207 kr. | 2.465 kr. | 17 |
| Sauðárkrók | 7.990 kr. | 2.805 kr. | 1.207 kr. | 2.465 kr. | 17 |
| Varmahlíð | 7.990 kr. | 2.805 kr. | 1.207 kr. | 2.465 kr. | 17 |
| Akureyri | 10.340 kr. | 3.630 kr. | 1.562 kr. | 3.190 kr. | 22 |

▲Strætó網站票價表，由首都出發到Akureyri需22張票

### Strætó資訊這裡查

**Strætó**

http www.straeto.is

查詢票價請進入上方網址→Shop→Prices→點選右欄各地區選項

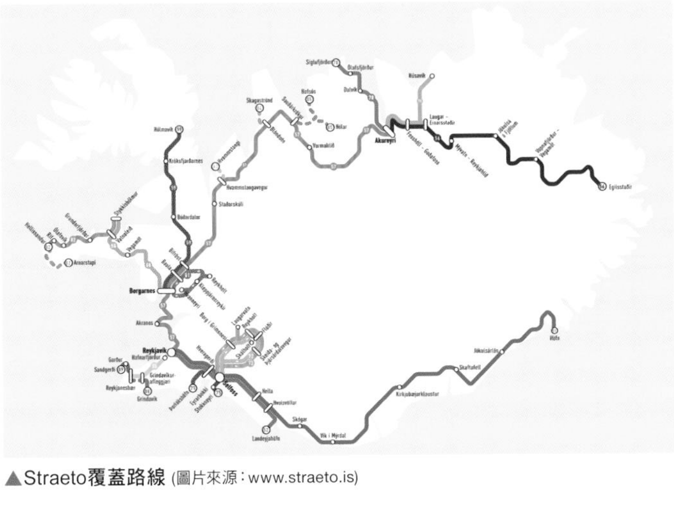

▲Straeto覆蓋路線 (圖片來源：www.straeto.is)

**貼心 小提醒**

### 用巴士自助環島難度提高

2018年以前有Reykjavik Excursion每年夏天運行的巴士通票，讓旅客可用自助的方式搭乘大巴環島，但現今只剩Strætó，且不行駛東部的Egilsstaðir至Höfn路段，因此，巴士環島的難度提高許多。

# 國內航班

航空公司Air Iceland提供往返於冰島境內的數個主要機場，包含位於北部的冰島第二大城中的阿庫雷里機場、Egilsstaðir、Ísafjörður、Vopnafjörður、Þórshöfn、Grímsey等機場。其中Grímsey位於北極圈，北緯66.5內，搭乘Air Iceland踏上此地可得到極地證書一張，炫耀度滿分！時間有限時也可利用國內班機飛往阿庫雷里一探北方風情，冬天的夜晚在飛機上經常可以看到極光。若是搭飛機前往Ísafjörður機場，可以從高空俯瞰火山與峽灣與身置其中的感受完全不同，也是一大享受。

## Air Iceland資訊這裡查

Air Iceland提供冰島國內航空的航班查詢。
http www.airiceland.is

▲前往阿庫雷里的旅客，可於雷克雅維克國內機場搭機前往

▲如果有時間可以搭乘國內航班更透徹的遊覽冰島

▲前往阿庫雷里的旅客，可於雷克雅維克國內機場搭機前往

# 船船

在冰島旅遊行程中最有可能搭船的是南部的Landeyjahöfn來回西人島、西峽灣至斯奈山半島，以及由北部Dalvík往北極圈內的Grímsey等航段。前兩段航程可攜車同行，欲攜帶汽車共同搭船強烈建議事先預約，每輛船的汽車容量有限。欲攜帶汽車同行購票時記得勾選並付款。

▲排隊等待上船的汽車

## 看懂船票

▲海港Landeyjahöfn至西人島的來回船票

### 購買船票資訊這裡查

**Eimskip** Landeyjahöfn來回西人島。
http visitwestmanislands.com/tour/ferry-landeyjahofn-to-vestmannaeyjar

**Baldur Ferry** 西峽灣來回斯奈山半島。
http www.seatours.is

**Samskip** Dalvík來回Grimsey。
http www.samskip.is

雙腳就是遊玩市區最好的交通工具！

雷克雅維克市區的景點大多步行可到達，若天候不佳、住宿地點離市中心稍遠或欲前往近郊景點，則可考慮搭乘公車或其他交通工具。冰島公車尚稱準時，如果遇到積雪或地滑難行時，務必提早出發前往公車站。

# 公車

雷克雅維克公車營運時間約是06:30～23:30，範圍由首都雷克雅維克到其近郊地區皆有涵蓋，週日班次較少。Strætó是冰島唯一一家公車公司，它的網站可快速查詢公車班次及時間。

Strætó http www.straeto.is/en

# 公車路線查詢Step by Step

## Step 1 進入首頁

進入網站後，點選Route planner規畫行程。

## Step 2 選擇起點與終規畫路線

以游標點擊地圖設為起訖點或直接輸入起訖點地址。

## Step 3 選擇日期與時間

選擇出發或抵達的預定時間與日期，網站就會自動搜尋路線。

## Step 4 記下合適的公車路線

網站提供不同的路線建議，挑選適合自己的公車路線，跟著規畫路線搭車。

# 公車路線與時刻表解析

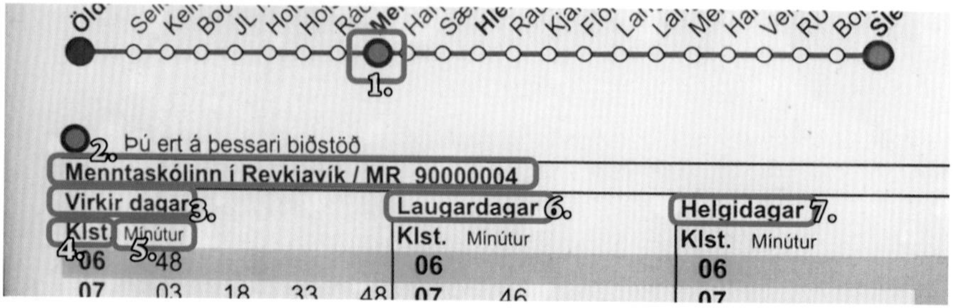


1.& 2.目前所在站名
3.平日
4.時
5.分
6.星期六
7.星期日及國定假日

## 認識公車票券

雷克雅維克市區公車分單次使用的單程票、1日票、3日票及月票。單程票以張為單位，可上車後以現金向司機購買。司機只收現金不找零。購票後向司機索取收據，90分鐘內可持收據於雷克雅維克地區間免費轉乘。Mjódd巴士站、格陵蘭賣場(Kringlan)及市區超商10-11可購買所有票種。此外，持雷克雅維克城市卡亦可無限搭乘市區內公車。

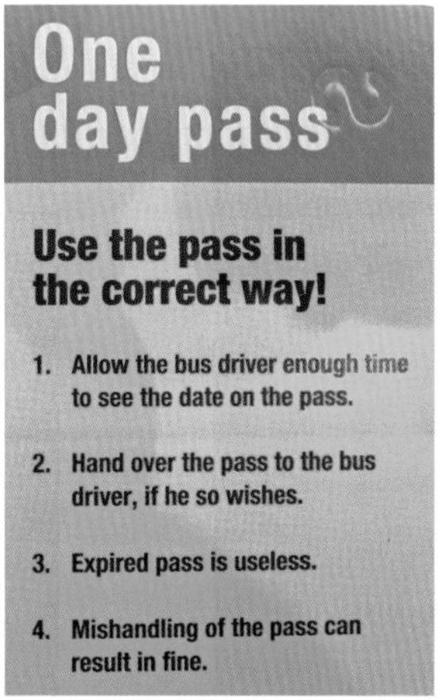

One
day pass
Use the pass in
the correct way!
1. Allow the bus driver enough time to see the date on the pass.
2. Hand over the pass to the bus driver, if he so wishes.
3. Expired pass is useless.
4. Mishandling of the pass can result in fine.

▲市區公車一日票正反面，背面還有使用說明

### 公車票券比較表

| 票種 | 單程票 | 1日票 | 3日票 |
|---|---|---|---|
| 價格 | 470 ISK | 1,800 ISK | 4,200 ISK |
| 使用期限 | 90分鐘內可轉乘 | 1日內無限次使用 | 3日內無限次使用 |
| 購票地點 | 公車上、Mjódd巴士站、格陵蘭賣場及市區超商10-11 | Mjódd巴士站、格陵蘭賣場及市區超商10-11 | Mjódd巴士站、格陵蘭賣場及市區超商10-11 |

＊製表／林佩儀

＊資料時有異動，請以官方公布的最新資料為主

## 搭公車Step by Step

### Step 1 於公車站候車

公車進站時不需招手攔車，往前跨出一步司機便會停車載客。

### Step 2 前門上車

前門上車向司機購票並索取票根。

### Step 3 按鈴下車

到站前按鈴，由後門下車。

## 行家密技　雷克雅維克城市卡

雷克雅維克城市卡(Reykjavík City Card)分為24／48／72小時卡，價格分別為3,900／5,500／6,700 ISK。可以持卡無限搭乘雷克雅雷克地區內的巴士，與到西邊小島維澤島(Viđey)的渡輪。

公設游泳池、數個美術館、博物館、國家藝廊等也可持卡進入參觀，還可以使用廁所。部分私營展覽館甚至餐廳、禮品店也可持卡享有折扣。相當推薦給預計在雷克雅維克待上3、4天的旅客們，可以善用巴士拜訪市區周邊景點。

使用的時間範圍不一定由售票時間開始計算，可請售票人員填入指定時間。市區多處旅館或遊客中心可購得城市卡，購買地點及最新資訊網站請見以下網站。

**雷克雅維克官方旅遊網站(Visit Reykjavik)**

http www.visitreykjavik.is

(點THE CITY→REYKJAVIK CITY CARD)

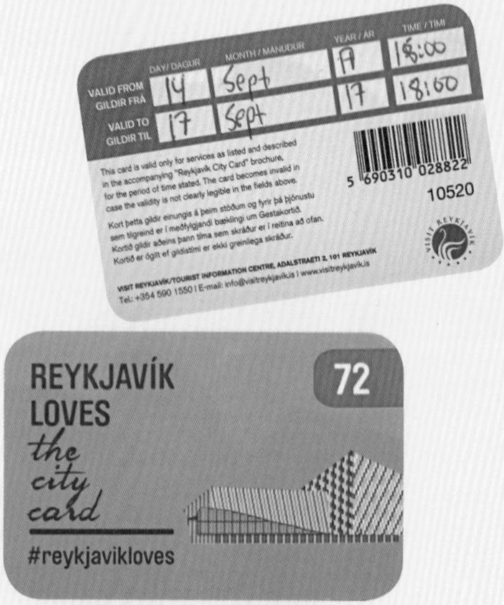


▲雷克雅維克城市卡72小時版本

## 市區公車與長途巴士區別

市區公車的行駛範圍內包含雷克雅維克、Kópavogur、Garðabær、Hafnarfjörður、Mosfellsbær 及 Seltjarnarnes等地區；長途巴士則是冰島全島。

**市區公車與長途巴士差異**

| 公車種類 | 號碼 | 外觀 | 上車地點 | 票價 |
|---|---|---|---|---|
| 市區公車 | 1～44 號 | 全臺黃色 | 首都區內公車站 | 1張單程票 |
| 長途巴士 | 51號以上 | 黃、紅、藍色車體 | Mjódd | 2張以上單程票 |

＊製表／林佩儀

＊資料時有異動，請以官方公布的最新資料為主

▲長途巴士的車身有黃色、紅色與藍色

▲市區公車車身是黃色(圖片提供／劉怡君)

# 計程車

當地人較少搭乘計程車，但遊客如果趕時間或是想要多人分攤車費時，仍是個相當方便的選擇。冰島人普遍遵守喝酒不開車原則，週末的深夜至凌晨時段經常可見計程車大排長龍等著載送狂歡後的客人。計程車普通時段計價方式為690 ISK起跳費用，加上每公里280 ISK。

▲冰島計程車無特定顏色，可以車頂上TAXI字樣辨識

### 計程車叫車專線這裡查

- **Hreyfill Taxi**：+354-588-5522
- **BSR Taxi**：+354-561-0000
- **Borgarbílastöðin**：+354-552-2440

# 自行車

若於首都停留時間稍長，不妨租一臺自行車，可提高機動性並搭配步行遊覽首都，或是繞行首都外圍單車道，沿途欣賞優美海岸線與對岸秀麗山景。雷克雅維克對自行車相當友善，單車騎士路權約同於行人。轉彎時需事先打手勢告知後方來車，冬天需注意路面積雪或結冰地滑。

▲首都很適合租自行車輕鬆遊覽

▲WOW citybike租借站，可操作機器租借自行車

## 冰島語指指點點 交通篇

**Brottfarir**
離境／Departure

**Miði**
票／Ticket

**Samningur**
合約／Contract

**Trygging**
保險／Insurance

**Bíll**
汽車／Car

**Rúta**
接駁車／Shuttle bus

**Leigubíll**
計程車／Taxi

# 住宿篇 Accommodations

## 在冰島旅行，有哪些住宿選擇？

在冰島找尋住宿地點並不困難，事先排好每日行程後再於停靠地點再附近尋找住宿是較有效率的方式。本篇介紹冰島較基本的住宿種類及搜尋方法。

(大圖圖片提供／Blue Lagoon；小圖圖片提供／劉怡君)

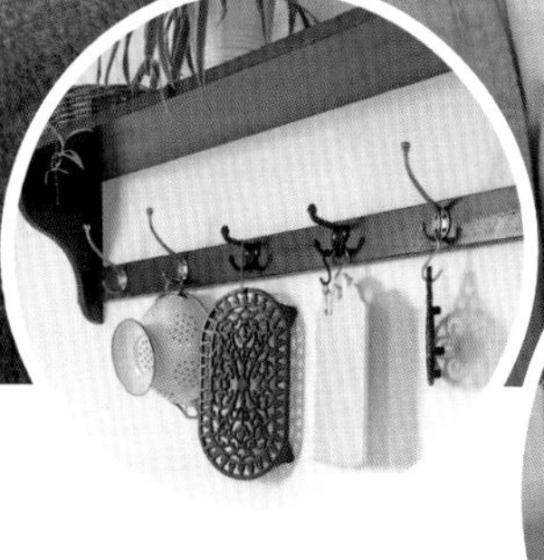

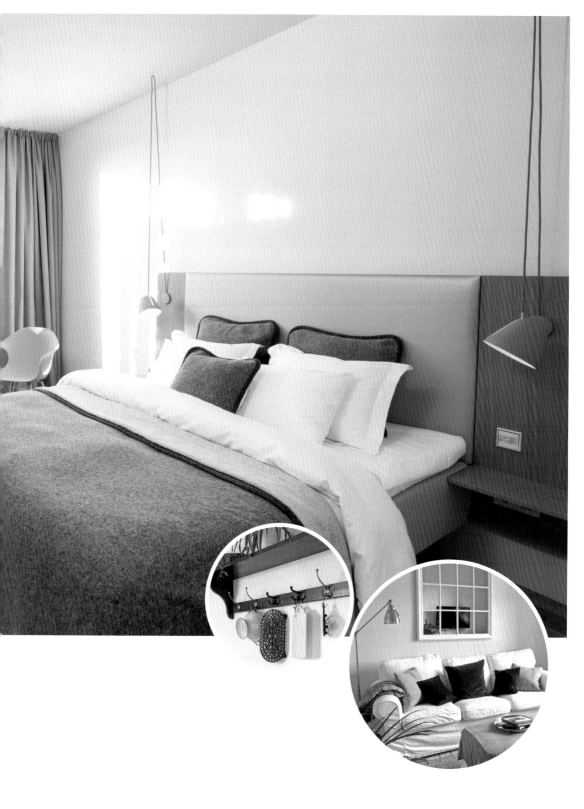

依照預算挑選合適的飯店。(圖片提供／劉怡君)

因應旅遊業的急速擴張，冰島的飯店目前也正大量建置中。舉凡高級飯店、含廚房設備的公寓、便宜的青年旅館到露營地與山屋一應俱全，選擇繁多、價格透明。惟需注意安排夏天行程時住宿需及早預約。

冰島航空亦有自家營運旅館以及簽約合作的旅館、旅行社，訂購機票時可於該網頁選擇package(套裝行程)進入網站查詢更多行程，搭配航空公司套裝行程省時省錢。

## 連鎖與特色飯店

冰島較無奢華型高檔飯店，因為大多數的旅客會花較多時間瀏覽冰島的自然景觀，待在旅館的時間並不長。當地飯店多偏好北歐簡約風格或法式風情裝潢。數個全球連鎖飯店在冰島也皆有設點。

### Grand Hotel

在雷克雅維克雖然地點方便性非最佳，但其制高點的位置可以飽覽周邊景色，遠眺到海岸線及對岸的山群。

✉ Sigtún 38, 105 Reykjavík, Iceland ☎ +354 514 8000 $ 13,954 ISK起 http en.grand.is MAP P.129

### Centerhotel Plaza

位於首都舊城區，緊鄰Ingólfur廣場的Centerhotel Plaza位置極佳，因房間略小，因此價位也較鄰近地點的旅館略低一點。對於在冰島停留時間不長或者喜愛夜生活的人來說是個好選擇。

✉ Aðalstræti, 101 Reykjavik, Iceland ☎ +354 595 8550 $ 20,000 ISK起 http www.centerhotels.com/our-hotels/hotel-plaza

▲小巧的Centerhotel Plaza，是省錢背包客的好選擇

## Blue Lagoon Silica Hotel

緊鄰藍湖的藍湖飯店有自己的溫泉池、讓賓客可免擁擠的人潮。住宿費用中也包含了藍湖的入門票。

✉ 240 Grindavik, Svartsengi, Iceland ☎ +354 420 8800 $ 70,000 ISK起 http www.bluelagoon.com/blue-lagoon-spa/accommodation MAP P.144

▲住宿即可泡湯，還包含藍湖的門票，值得推薦
(圖片提供／Blue Lagoon)

## ION Adventure Hotel

只要住到郊區或偏僻一點無光害的旅館便可在適當的時機下看到美麗極光。落在郊區的ION Adventure Hotel以大片玻璃建成，可在室內享受暖氣觀賞穹頂上極光。ION Adventure Hotel一處在首都市中心，另一處在辛格維里湖附近。

✉ Nesjavellir, 801 Nesjavellir, Iceland ☎ +354 578 3700 $ 33,750 ISK起 http ionadventure.ioniceland.is MAP P.144

▲住宿即可觀賞極光美景，是無價的享受
(圖片提供／ION Adventure Hotel)

## 家庭式公寓與旅館

多人一起旅行時，所有配備一應俱全的溫馨家庭式公寓是最好的選擇，多人分攤下來的費用甚至往往比旅館更為便宜。家庭式公寓通常包含廚房用具客廳、雅房、衛浴設備以及洗衣機。有小孩的家庭可讓孩子有更多活動空間也較不易干擾到其他房客。

冰島也有部分將大房子改建成旅館的營運模式，內部有雅房但需共用衛浴，亦提供廚房、洗衣等設備。

▲由醫院改建成的旅館

### Hlemmur Square

Hlemmur Square的大廳呈古典風格但房間卻是現代風格，是許多冰島旅人喜愛投宿的住所。

◀室內布置溫馨

✉Laugavegur 105, 105 Reykjavík ☎ +354415 1600 $ 3,450 ISK起 http hlemmursquare.com MAP P.131

▲受冰島當地人歡迎不失質感的家庭式旅館

## 民宿

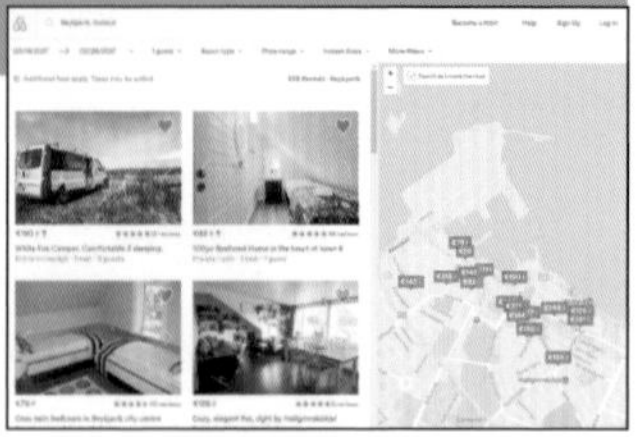

▲Airbnb的網頁可以地圖模式瀏覽

許多當地居民利用Airbnb短期出租自己的空房或整層公寓。部分民宿需與屋主同住，部分則可整間出租，價格依地點和坪數及內部裝備不同而有相當大的價格差異。普通Airbnb模式經營的民宿則可依循正常管道如住宿網站等搜尋。

▲有些民宿還有提供烤肉設備

**貼心小提醒**

**租用民宿注意事項**

1.許多租用過的人會給予意見回饋，確認租用前可先瀏覽評價。

2.於入住2～3週前再寄電子郵件給屋主確認入住的日期較保險。

3.可多利用與屋主見面的機會詢問旅遊資訊。

4.Airbnb清潔費與手續費另計，結帳時需留意。

豆知識

## 民宿對冰島房市產生的衝擊

Airbnb或民宿在冰島引起熱議與側目，由於許多人透過各種平臺將自用宅高價租予旅人，對當地的房市造成相當大衝擊。首先是房價節節升高，許多人買房用以出租，以Airbnb方式短期出租者政府無法查得以向受益者收取稅金。以往冰島年輕人約上大學後就自立門戶；對年輕人而言近年來因房價太高而必須繼續與父母同住的情況增加；年輕夫妻因高房價無法購入房子或必須居住在郊區，長途通勤也成了大問題。

# 野外露營

冰島許多觀光景點皆設有營地，相當多歐美旅客於環島途中選擇露營與入住旅館並行。於營地扎營不需預約，部分營地僅夏天營業，每個營地價格不同，每營帳的住宿費約1,500 ISK上下。大部分營地設有基本廁所、衛浴設備，較進階的也有洗衣機，甚至也有無線網路服務。

▲Álftavatn旁的營地布滿柔軟的草，相當好睡

▲藍瑪納洛加的營區在夏天極熱門

行家密技

## 扎營方式

**1 Step** 選好平坦草地扎營。

**2 Step** 前往營地管理中心付費換標籤貼紙(可刷卡)。

▲付款後將貼紙貼在外帳門邊以供查認

**3 Step** 將標籤貼紙貼在顯眼處供管理員巡視時確認。管理員會檢視標籤上的日期確認該帳已付款。

## 野外露營資訊這裡查

在冰島露營，必須在合法的扎營場所才行，在非營地以外區域扎營乃違法行為。NAT的旅遊網站裡詳列了冰島所有的營地，點選地圖上的營地後會導入營地資訊及網站。

### NAT旅遊網站

http www.nat.is/camping-in-iceland

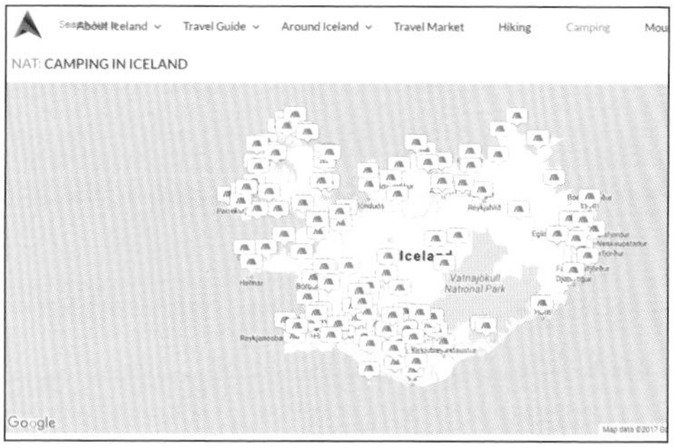

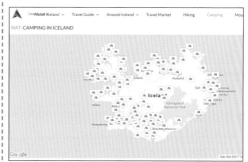

▲在NAT的旅遊網站上可查詢合法扎營的場所

## 青年旅館

冰島的連鎖青年旅館遍布1號公路周邊，需與人共享房間與衛浴設備，以單床位計價且無客房服務，通常價格較為便宜。青年旅館有趣的地方在於可遇到來自不同國家的旅人，互相交流彼此經驗、拓展視野。缺點則是必須與他人共用臥房及衛浴設備，怕吵跟有潔癖的人較不適合。

冰島的連鎖青年旅館 ▶
遍布1號公路周邊

HOSTELLING INTERNATIONAL

▲上鋪隱私性較佳，下鋪出入方便，建議選擇離插座較近的床鋪

**貼心小提醒**

### 住宿青年旅館注意事項

1. 住宿青年旅館多與人共用房間，重要物品及錢財務必妥善保管。
2. 青年旅館衛浴與廚房皆與人共用，使用過後盡量恢復原本狀態。
3. 青年旅館多分有女生房與混合房，訂房時可以留意。
4. 做菜時留意油煙過大的問題，避免干擾其他旅客。

## 山屋

遇到颳風下雨又沒遮蔽的天候時，露營總是難以入睡，山屋是另一個接近大自然又可以睡得舒服些的好選擇，更可以減輕帳篷或床墊等許多行李。冰島許多近高地的山屋只有夏天開放，山屋內通常備有暖氣及簡易廚房，及簡便衛浴設備。其使用規則與青年旅館類似，物品使用完盡量恢復原狀及歸回原位。，熱門營地通常需數月前完成預約。

▲山屋在野地提供旅人一個舒適的住所

### 山屋資訊這裡查

進入網頁後選擇HUTS，可讀取更多山屋與露營資訊。亦可點選map of mountain huts確認山屋地點，而後可由地圖上的山屋地點連結進入山屋詳細資訊。亦可透過此夜面向山屋進行預約。

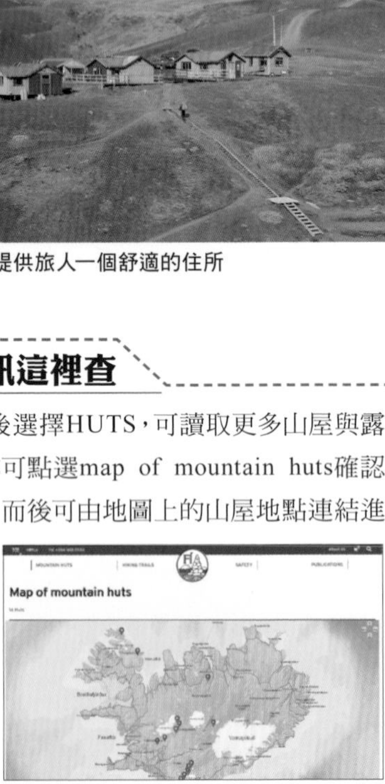


**登山協會** http www.fi.is/en

# 選擇住宿地點

需要花時間挑選符合理想的房型和價格。(圖片提供／劉怡君)

## 訂房網站推薦

現今使用網路搜尋住宿功能相當齊全、價格透明，歐洲飯店業較常使用booking.com，但仍建議使用多個網站交叉比對價格。

### booking.com

網羅了各式各樣旅館，在歐洲的普及率最高，網站上旅館選擇較多。 http www.booking.com

### Hotels.com

於該網站累積訂房10晚以後可兌換一個晚上的免費住宿。 http tw.hotels.com

### Hostels.com

網站上面列有較多中低價位青年旅館，適合背包客。 http www.hostelworld.com

### Agoda

亞洲旅館選項較多，即便訂購外國旅館也可撥打國內客服協助處理問題。 http www.agoda.com

### Hotelscombined

一次列出數個同旅館不同網站的價格，方便使用者比價。 http www.hotelscombined.com

## 網路訂房教學

以下以歐洲旅館較常使用的平臺booking.com示範訂房步驟，booking.com網頁可選擇以中文操作，並以新臺幣(TWD)計算，相當方便。實際訂房時可多個網站比較地點及價格。

### Step 1 輸入資料搜尋

指定地點與住宿日期後按搜尋。

### Step 2 選定喜歡的旅館

## Step 3 確認地點

點選地圖以確認地點，亦可直接於地圖上點選不同旅館查詢。

## Step 4 點選預定

指定房型後點選預定。

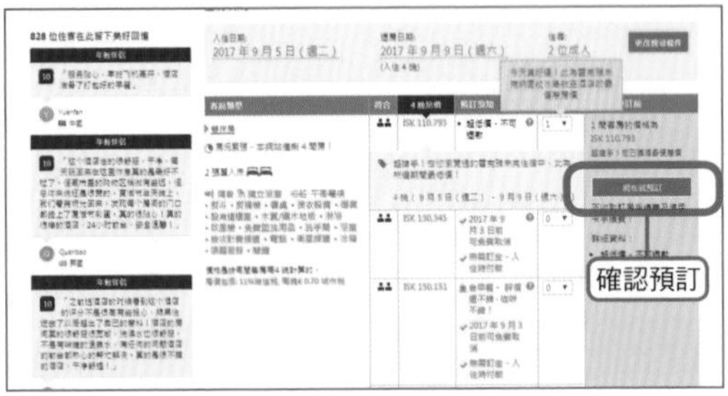


## Step 5 確認入住資料

再次確認入住日期及金額後填入個人資料就完成預約。

## Step 6 完成付款

輸入信用卡資訊並付款，即完成訂房。

# 住宿注意事項

住宿除考慮價格與地點以外，許多附加價值加入考慮也可增加便利性或省下不少旅費！

## 住宿地點便利性

有租車者可考慮住離市區遠一點、空間較大或價格較便宜的住宿；但若無汽車或單車等交通工具者則建議量選擇住宿於市區中心。雷克雅維克公車平均半小時一班，加上冬天路面容易積雪或濕滑，無交通工具居住郊區多有不便。

## 住宿價格精算

若多人同行，很多時候包下整間公寓會比訂購旅館便宜。部分青年旅館的被褥、保險櫃與無線網路須加價才能使用，訂房時可先把細則看清楚，以免造成糾紛或額外支出。

## 入房與退房時間及寄放行李

訂房時需注意入房時間，大多旅館於下午2點後才能辦理入住，有些旅館無行李寄放服務或者需付費，線上訂房時可多注意住房細節是否能與自己的需求或行程搭配。

## 暖氣

暖氣大多非中央控制，而是由房間內葉片式水暖氣供熱，可由暖氣旁的旋鈕調整熱度，需小心燙傷。濕毛巾可放暖氣上更快速烘乾、亦可增加房間濕度。

## 浴缸

熱水打開便是溫泉水，在民宿內若有附設浴缸，也可放鬆的泡溫泉，浴缸使用過後需注意將毛髮清理乾淨。

## 鞋子與外衣

遇雨天或下雪時可將鞋底與外套在外頭稍微清潔或弄乾後再進室內。冰島人在住家室內多只穿厚襪子。

## 附設廚房

冰島外食昂貴，訂房時可選擇有附設廚房的旅館，可自行準備早晚餐或部分餐點，可以省下不少錢。

▲廚房使用完畢後將物品恢復原狀

## 地圖準確性

要小心Google Maps有時因語言誤差而給錯地點資訊，許多小路也無法顯示導致遊客找不到住宿地點。建議參考冰島地圖網站ja.is搜尋地址較精準。

## 冰島語指指點點 住宿篇

| | |
|---|---|
| Eldhús | 廚房／Kitchen |
| Baðherbergi | 浴室／Bathroom |
| Handklæði | 毛巾／Towel |
| Tannbursti | 牙刷／Tooth brush |
| Sturta | 淋浴間／Shower |
| Bílastæði | 停車場／Parking |
| Stofa | 客廳／Living room |
| Móttaka | 收銀櫃檯／Reception |
| Bókun | 預約／Reservation |
| Tjaldstæði | 營地／Campsite |
| Geyma farangur | 寄放行李／Store the luggage |
| Netbókun | 線上訂房／Online booking |
| Innritun | 入住／check-in |
| Útritun | 退房／check-out |
| Efri/neðri koja | 上、下鋪／Upper/lower bed |
| No smoking room | 非吸菸房 |
| Thank you for your help | 感謝你的協助 |
| Is breakfast included? | 請問有包早餐嗎？ |
| What time breakfast starts? | 早餐幾點開始？ |
| Guests next door are a bit noisy | 隔壁的房客有點吵 |
| What is the check-out time? | 幾點退房？ |

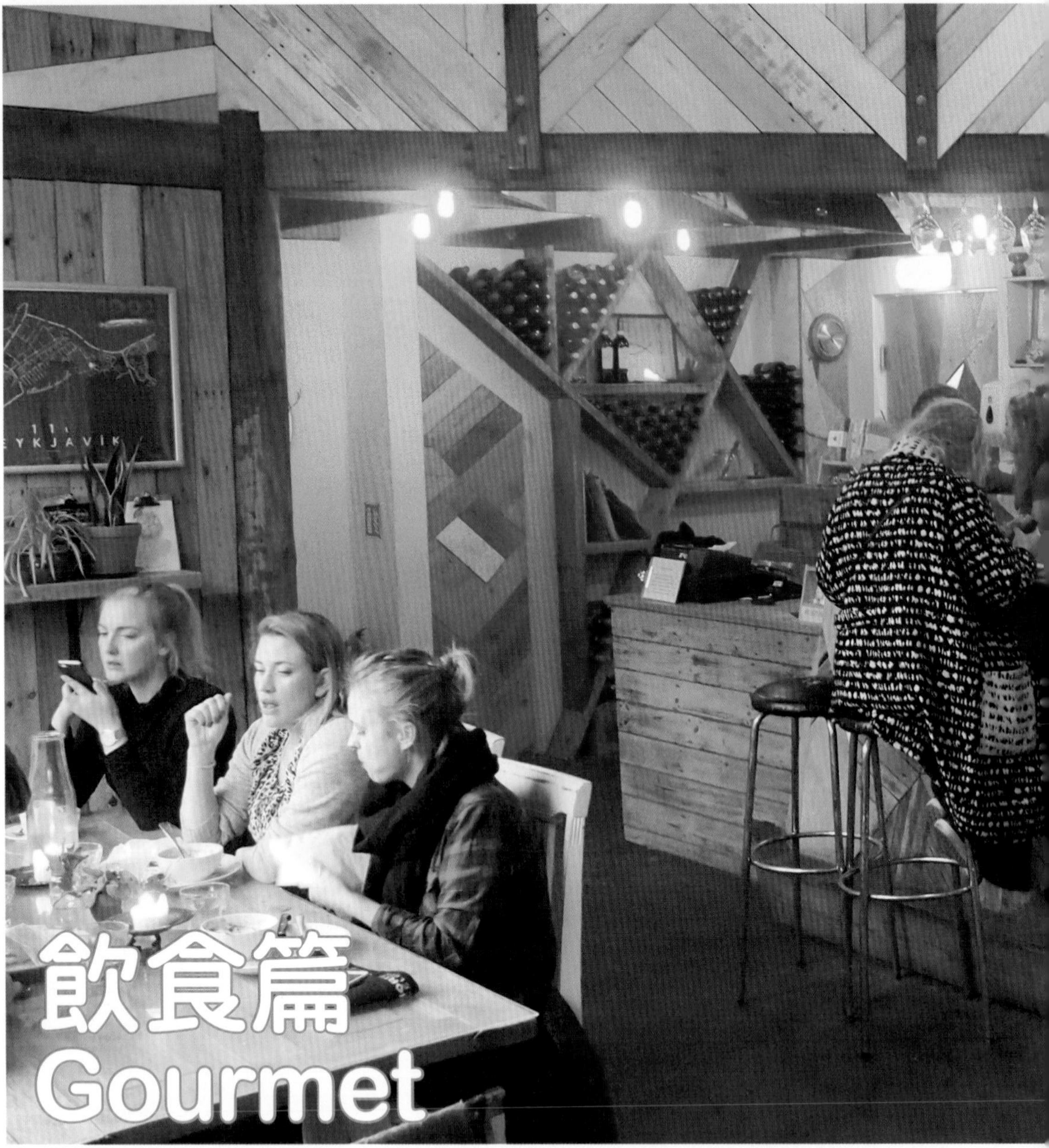

# 飲食篇 Gourmet

## 在冰島吃吃喝喝

冰島雖不以美食聞名，但當地仍有許多與亞洲大不相同的食材，有些食物看來古怪，但過了這個村就沒有這個店，鼓起勇氣嘗嘗維京人的飲食吧！

# 冰島必嘗美食

老一輩冰島人的飲食相當簡便，多以馬鈴薯、黑麵包、魚肉、羊肉為主。年輕一輩冰島人受到歐美文化影響，所以漢堡、披薩店在市區林立，令人詫異的是這些外來飲食在冰島的口味與品質甚佳。冰島傳統與大宗飲食則與所有北歐國家之間飲食文化相通，大量的乳製品、海鮮肉類與黑麥麵包等是北歐人的傳統飲食之道。

## 乳製品

高品質的冰島乳製品如牛奶、起司、優格等乳製品價格便宜，風味天然濃醇。

### 冰島奶油(SMJÖR/BUTTER)

強烈推薦冰島奶油smjör，清爽順口，帶有自然的乳香，與麵包完美搭配。

### 牛奶(MJÓLK/MILK)

牛奶相當便宜，通常分3種脂肪含量。

### 冰淇淋(RJÓMAÍS/ICE CREAM)

使用高品質鮮乳做出的冰淇淋讓人頂著寒風也要品嘗。

這款經典巧克力牛奶是冰島所有人的童年記憶。

### 巧克力牛奶(KÓKÓMJÓLK/CHOCOLATE MILK)

### 優格(SKYR)

各種口味的Skyr，推薦莓類口味。也可購買原味自行搭配新鮮水果與蜂蜜。超市亦可購得Skyr製作的起司蛋糕、冰淇淋等。

(圖片提供／劉怡君)

## 海鮮及肉類

早年的冰島由於寸草不生，海鮮、肉類與乳製品是主要的營養來源。冰島的海域漁獲豐富，羊肉腥羶味不重，豬肉也不腥。

### 羊肉料理 (Lambakjöt/Lamb)

舉凡羊肉湯、烤羊肉、燻羊肉、燉羊肉皆是冰島人的家常拿手料理。早期冰島人物資匱乏，整頭羊從頭吃到腳連羊臉、內臟都都不放過。

### 龍蝦湯 (Humarsúpa/Lobster soup)

龍蝦的精華與甲殼的鮮味全部濃縮都在湯頭裡。冰島小龍蝦的鮮味與肉質細嫩遠勝大龍蝦。超市有販售冷凍龍蝦湯，價格較實惠。

### 烤龍蝦 (Grillaður humar/Grilled lobster)

淋上奶油、白酒與大量蒜頭的烤龍蝦配法國長棍便美味不已。推薦讀者到超市買冷凍龍蝦回來自己做吃個過癮。

### 魚肉料理 (Fiskur/Fish)

魚湯、煎魚、水煮魚等都是冰島人經常最常在家食用的料理。簡單的烤魚料理，焦香的外皮撒點適量的鹽，就能吃到魚的鮮味。

### 魚肉泥 (Plokkfiskur/Mashed fish)

將白肉魚、馬鈴薯與洋蔥等混在絞成泥一起的料理。大多搭配黑麵包與奶油一同食用，是學校裡每週都會出現的菜色。

### 魚油 (Fiskiolía/Fish oil)

除了食用大量海鮮外，冰島人也每日飲用魚油保健身體。

### 沙拉(SALAD)

火腿、燻羊肉、各種風味的沙拉，當早餐夾配麵包滑順美味，極推薦鮮蝦口味。

### 沙拉蝦 (RÆKJA/SHRIMP)

除了小龍蝦以外，冰島還有小型沙拉蝦，口感Q彈，味道極鮮，可搭配千島醬做成鮮蝦沙拉。大多與奶油與醃燻羊肉一起食用。亦可與漬鯡魚或燻鮭魚等搭配奶油食用。

### 熱狗 (PYLSA/HOT DOT)

冰島熱狗通常為羊肉製成，柔軟的熱狗麵包下層鋪著微辣生洋蔥碎、酥脆的炸洋蔥酥與番茄醬，加上熱狗上方則淋上芥末醬與美乃滋為基底的醬汁remúlaði。柔軟、酥脆的衝突口感與各種醬料在口中撞擊令人意猶未盡。

## 甜點麵包類

冰島飲食受到丹麥諸多影響，與其他北歐國家的甜點同質性很高。傳統甜點大多以簡單的材料如麵粉、糖與牛奶等製成，或以千層派皮為基底加以變化。早期麵包大多以黑麥及粗穀物製成，富含纖維、口感扎實。

▲麵包店亦可選購起司與火腿搭配自選麵包

### 肉桂捲 (SNÚÐUR/CINNAMON ROLL)

原為丹麥的肉桂捲，冰島深受丹麥殖民影響亦大量傳承了丹麥點心手法。冰島版本內層通常夾著肉桂粉，表面則通常淋著焦糖、巧克力、草莓糖霜或花生醬等。

### 炸麻花 (KLEINUR/DOUGHNUTS)

經典北歐甜點，油炸過後的麵團，類似甜甜圈的口感帶有麵粉與小荳蔻香味，撒上細糖粉或裹上巧克力醬食用最適合下午茶。

### 扁麵包 (FLATBÖKUR/FLAT BREAD)

冰島傳統經典麵包，以黑麥、麵粉為主製成的麵皮，通常搭配奶油及切片燻羊肉共同食用。

### 黑麥麵包 (Rúgbrauð/Rye bread)

黑麥的味道濃厚，大多與奶油與醃燻羊肉一起食用。亦可與漬鯡魚或燻鮭魚等搭配奶油食用。若擔心黑麥味太重可選顏色較淺混以麵粉的黑麥麵包嘗試。

冰島人平常吃的麵包較接近歐陸的麵包，無多餘調味，外殼偏硬內部柔軟。許多冰島人的早餐跟午餐都簡單地吃麵包夾火腿跟起司，晚上則多以熱食為主。

### 麵包 (Brauð/Bread)

### 火山岩威化餅 (Hraun)

Hraun的外表看起來像火山岩，內層為巧克力威化餅，上面點以碎米香，口感酥脆。

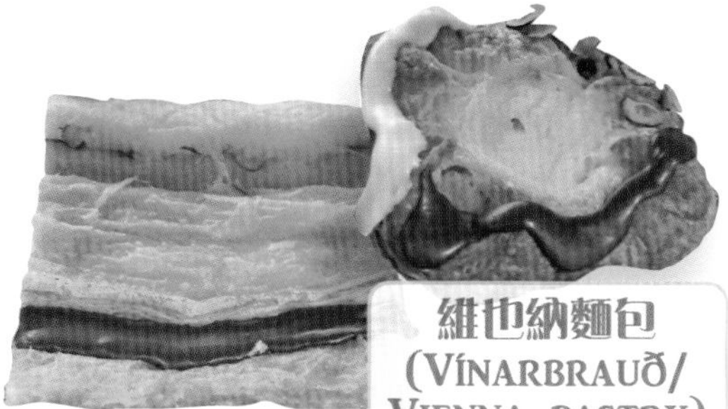

### 維也納麵包 (Vínarbrauð/Vienna pastry)

是冰島相當常見的下午茶良伴，底下是酥脆的千層派皮，上面則是卡士達醬、焦糖、巧克力或草莓糖霜等淋醬，香甜酥脆的口感與咖啡極搭。

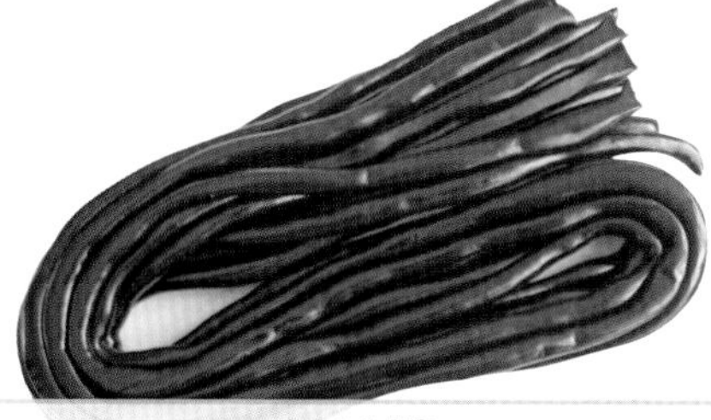

### 甘草糖 (Lakkrís/Liquorice candy)

甘草糖是北歐相當受歡迎的零食。超市裡、DVD出租店及電影院裡都售有琳瑯滿目的甘草軟糖，足見其受歡迎的程度。冰島甘草糖被做成軟糖、糖果、巧克力等多種版本。

### 路上觀察 嗜甜的冰島人

冰島人嗜甜與天氣大有關係，漫漫長夜中甜食是最好的良伴。冰島人極嗜甜，蛋糕、甜點等甜度都遠高於我們的習慣。除甘草糖外，巧克力與冰淇淋也是冰島人的最愛，超市裡有一整牆的甜食。即便在冷颼颼的冬天也可以看到冰淇淋店外大排長龍。

**1**.超市裡經常有一整櫃的巧克力以及糖果／**2**.在冷颼颼的天氣裡，冰島人穿著厚重地在冰淇淋店前大排長龍

## 傳統經典食物

冰島傳統食物並稱不上美味僅以飽食為目的。在這寸草不生的土地上，早期只有鹽跟孜然等少數香料，大部分料理都以水煮、燉煮或燒烤海鮮、肉類為主。為保存食物過冬冰島人更發展出許多不同的儲存方法，留下了許多傳統味。

### 燻鮭魚與鱒魚 (Reyktur lax/Smoked salmon)

燻鮭魚或鱒魚經長時間低溫煙燻，表面水分較少口感Q彈、富含油脂。可搭配奶油起司、酸豆與生洋蔥等。

### 漬鮭魚 (Gravlax/Cured salmon)

味道與口感皆與燻鮭魚不同，僅用鹽與香料醃於表面，口感仍如生魚片般肥嫩。

### 燻羊肉 (Hangikjöt/Smoked lamb)

冰島傳統飲食中最廣為人知的一道菜。經長時間煙燻的羊腿，經水煮後搭配白醬、水煮馬鈴薯、青豆與醃紅包菜等一同時用。

### 醃鯡魚 (Marineruð síld/Herring)

有洋蔥、黃芥末、肉桂等不同口味，醃製過後的生鯡魚口感柔軟帶點彈性，味道不會腥，酸甜的口味可搭配香味厚重的黑麥麵包與奶油食用。

### 葉子餅 (Laufabrauð/Leaf bread)

將面皮切上圖案後下鍋油炸，是媽媽與孩子共同手做的聖誕節甜食，圖案多半是各種雪花，富有節慶氣息。亦有專門做葉子餅的工具，許多母親將工具傳給女兒作紀念。

是冰島早期唯一能取得的烈酒，以馬鈴薯或穀物加上孜然子釀成。在酒水選擇眾多的今日Brennivín已非冰島人的首選，但在特殊節慶或食用傳統食物時，仍會拿出來搭配傳統食物一同吞下肚。

### 蒸餾酒(Brennivín/Schnapps)

聖誕節時會特別與柳橙汽水混著喝變成聖誕節特別版本，冰島人稱為「Malt og Appelsín」。

### 黑麥飲料(Malt)

## 古怪食物

冰島早年生活條件較差，為度過寒冬使用了許多煙燻、乾燥、熟成等方法保存食物。鯨魚、鯊魚、馬肉等現今當地人極少食用，但仍吸引了許多觀光客品嘗。

### 紅醋栗果醬(Rifsberjasulta/Red Currant Jelly)

果醬本身不奇怪，但冰島人會將黑莓醬拿來搭配鹹食如烤羊菲力或羊腿一同食用。

### 魚乾(Harðfiskur/Dried Fish)

原意為乾硬的魚，將魚切塊後風乾食用，可品嘗到魚的原味與豐富鈣質。冰島人會拿魚乾刮直接奶油塊並搭配蒸餾酒食用。

### 鯨魚肉(Hvalur/Whale)

冰島每年在限額內捕捉鯨魚並可於冰島合法食用，甚至許多鳥類如帕芬鳥等也是早期冰島人經常食用的蛋白質來源，但現今物資豐腴選擇眾多，民眾較少主動購買這類肉品。讀者可自己判斷決定是否品嘗。

## 發酵鰩魚(Skata/Fermented Skate)

原本帶有毒液的扁平魚類經特殊處理後排出強烈氨味。食用方式為水煮後淋上炸過的羊脂肪配以水煮馬鈴薯食用，冰島人會在屋外烹煮後再拿進屋內食用。發酵鯷魚在超市售價相當便宜，怕強烈氣味的遊客，當心不要誤買到！

## 煙燻鯊魚(Kæstur hákarl/Fermented Shark)

強烈的氨味使人退避三舍，這是冰島人早期為生存而衍生的保存方式。道地的吃法是搭配高酒精濃度的蒸餾茴香酒一起食用。可於二手市集及Bonus取得，部分禮品店也可購買小分量品嘗。

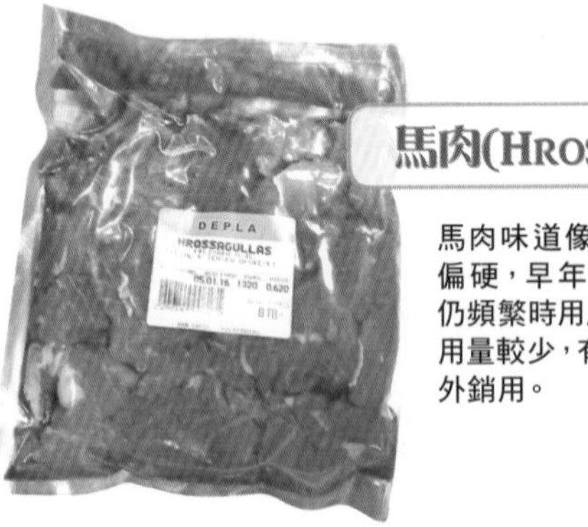


## 馬肉(Hrossakjöt)

馬肉味道像牛肉但肉質偏硬，早年物資缺乏時仍頻繁時用馬肉，現今食用量較少，有一半產量為外銷用。

## 羊肝香腸(Lifraprylsa/Liver Sausage)

羊肝做成的香腸，冷食味道較腥羶，可微波30秒微溫食用。亦有以羊血混合羊脂肪與燕麥，塞入羊胃後水煮而成的羊血糕可嘗試。

各種鳥類的鳥蛋約在每年入夏時出現在市面上，在二手市集可取得。藍綠色的為海鳩科的鳥所誕下；咖啡色的蛋則多為隼科鳥類所誕下。鳥蛋的味道似鴨蛋，蛋殼較厚，蛋黃味道相當濃郁。

## 鳥蛋(Egg)

# 餐廳種類與推薦餐廳

餐廳種類繁多，挑選一間祭祭你的五臟廟吧！

首都雷克雅微克餐廳眾多，在餐廳用餐費用較高，但口味大多有一定水平。可視行程及預算安排，自炊與外食穿插讓旅程更豐富。

## 咖啡店

冰島人嗜咖啡如命，每人每年用量達9公斤，世界排名僅次於芬蘭與挪威。冰島人喝咖啡較偏好義式濃縮咖啡，如果喜歡喝拿鐵的人，咖啡店的拿鐵是兩份濃縮咖啡配上等量的全脂打發鮮奶，口味濃厚香醇值得嘗試看看。

▲有些咖啡廳會提供自家製的焙果與鬆餅等豐富美式早餐

### Reykjavík Roasters

首都得獎無數的咖啡小店，自家烘焙機器就在店裡，整間店瀰漫著咖啡香氣，搭配店裡的小點心與一本書可以打發一個下午。

✉ Kárastígur 1, 101 Reykjavík ☎ +354 517 5535 ⏲ 每日皆開，週一～週五08:00～18:00；週六～週日09:00～17:00 http reykjavikroasters.is MAP P.131

### Stofan Café

老舊的家具與嘎嘎作響的木頭地板，Stofan Café的陳舊與咖啡香讓人讓人忘了時間。

✉ Aðalstræti, 101 Reykjavík ☎ +354 567 1881 ⏲ 週一～週日10:00～23:00 http www.facebook.com/stofan.cafe MAP P.130

▲古樸的家具讓空間充滿溫馨感

## MOKKA KAFFI

雷克雅維克最老的咖啡廳，牆上的古老照片可看出到雷克雅維克早年的模樣。

▲最老的咖啡廳客人依舊絡繹不絕

✉ Skólavörðustígur 3A, 101 Reykjavík ☎ +354 552 1174
🕒 週一～週日09:00～18:30 http www.mokka.is MAP P.130

## TE OG KAFFI以及KAFFITÁR連鎖咖啡店

Te og Kaffi以及Kaffitár是兩家冰島最大的咖啡連鎖店，在鬧區及遊客中心等地皆可看到這兩家之一進駐。

✉ Skólavörðustígur 3A, 101 Reykjavík ☎ +354 552 1174
🕒 週一～週日09:00～18:30 http Te og Kaffi：www.teogkaffi.is／Kaffitár:kaffitar.is MAP P.130

▲Te og Kaffi

▲位於珍珠樓上的Kaffitár

豆知識

### 冰島人在家喝咖啡

雖然冰島人在咖啡店飲用的口味偏濃厚，但冰島人在家裡喝咖啡倒是相當隨興不講究。許多人家裡選用的是簡單的美式咖啡壺，倒入大量咖啡粉按下按鍵，咖啡呼嚕呼嚕地流出便這樣喝上一整天。

貼心小提醒

**鮮奶與蜂蜜自行取用**

在咖啡廳消費一杯咖啡拿鐵約560ISK左右，除了消費者點的咖啡以外，通常櫃檯邊會有另外一壺美式咖啡無限供應，其味道較淡，同時旁邊會有鮮奶與蜂蜜等，供消費者自行取用。

除上列介紹較有名氣的咖啡店以外，所有餐廳，甚至酒吧多有販售咖啡。

# 冰島風味餐廳

冰島傳統食物雖古怪，但冰島自身產出的食材仍有相當好的條件，如新鮮的漁獲、羊肉以及當地小農種植的溫室蔬菜。目前冰島有不少餐廳致力於使用當地特色食材搭以當代烹調手法使得北歐料理更精緻美味。除以下餐廳外，市區的餐廳大多口味不差，門外亦多有菜單並標明價位。

## SÆGREIFINN

主打新鮮現烤魚串與號稱冰島最著名的龍蝦湯。烤魚串的等待時間頗長，建議點餐一次點足以免加點久候。

▶餐廳主打龍蝦湯與各類碳烤鮮魚

✉ Geirsgata 8, 101 Reykjavík ☎ +354 553 1500 🕒 週一～日11:30～22:00 $ 1,000～3,500 ISK http www.saegreifinn.is MAP P.130

## Apotek Restaurant

星期五晚上冰島雅痞會聚集在Apotek Restaurant用餐，外觀低調內裝走奢華風，服務相當周到，但是價格並不會非常昂貴，想要犒賞自己時是個好選擇。午間套餐相當精緻划算。

▶ 肥嫩的鮭魚外皮酥脆焦香，一旁的多汁鴻禧菇、甜波特酒醬汁與菠菜醬更襯出鮭魚的鮮甜

◀ 夜晚的Apotek是首都最有都市雅痞味的地方

✉ Austurstræti 16, 101 Reykjavík ☎ +354 551 0011 ◷ 週一～日11:30～01:00 $ 5,000ISK起 http apotekrestaurant.is MAP P.130

## Dill

冰島最前衛餐廳之一，以傳統方式準備部分食材，連鹽與奶油都精挑細選，並以現代精簡風格與北歐意象呈現冰島傳統，在Dill用餐是視覺與味覺的雙重體驗。主廚的書《NORTH: THE NEW NORDIC CUISINE OF ICELAND》道盡了他對延續冰島傳統的理想。

✉ Hverfisgata 12, 101 Reykjavík ☎ +354 552 1522 ◷ 週三～六18:00～22:00；週日～二休息 $ 12,000～14,000 ISK，不含飲料 http dillrestaurant.is/en MAP P.130

## Café Loki

位於哈克格林姆教堂斜對面，提供冰島傳統風味料理。羊肉湯、海鮮湯及由燻羊肉、燻鮭魚、鯡魚等傳統食物組合而成的拼盤，讓旅人們可以每樣食物都淺嘗味道。

✉ 28, Lokastígur, 101 Reykjavík ☎ +354 466 2828 ◷ 週一～六09:00～21:00；週日11:00～21:00 $ 500～3,000ISK http loki.is MAP P.131

## Fiskmarkaðurinn (Fish Market)

由令冰島人驕傲的女主廚指揮廚房。餐點大量融入亞洲元素，餐廳氣氛輕鬆融洽。推薦羊肉與魚類餐點，分量與口味以及盤飾皆令人滿意。

▲fishmarket內部裝飾及餐點走中西混合風格

✉ Aðalstræti 12, 101 Reykjavík ☎ +354 578 8877 ◷ 週日～四17:00～23:30；週五、六17:00～23:30 $ 3,500～15,000 ISK http fiskmarkadurinn.is MAP P.130

▼ 冰島餐廳的甜點多半以當地人最喜愛巧克力蛋糕或冰淇淋當作結尾

# 中等價位小酒館

▲餐廳兼營酒館通常氣氛溫馨

中等價位的餐廳通常餐點種類多樣化，從漢堡、義大利麵到排餐，豐富的沙拉及湯品皆有供應。

▲冰島人週五夜晚經常與朋友出去小聚喝一杯

## KRÖST

新開設於Hlemmur美食廣場的KRÖST，一開業便在冰島年輕人及女性之間大受歡迎。KRÖST提供擺盤相當精緻的食物及種類繁多的紅、白酒，以這樣的飲食規格開在美食廣場裡，使得其價格比同等級的餐廳要來得親切許多，現烤美食陣陣飄香，烤魚和烤牛排皆相當美味。輕鬆的氣氛加上堪稱平價的美食與酒，就連平時不太外食的冰島人也趨之若鶩。

▲慎重的酒櫃及內裝讓KRÖST在美食廣場裡顯得極為突出

Laugavegur 107, 105 Reykjavík(Hlemmur Mathöll) +354 519 7755 週日～四11:00～22:00；週五～六11:00～23:00 1,000～4,000 ISK krost.is P.131

## SÆTA SVÍNIÐ GASTROPUB

Sæta Svínið Gastropub(The Sweet Pig)位於舊城區廣場旁，門口拴著一頭令人無法忽視的粉紅豬雕像，內部是冰島非常典型的老派酒吧裝潢，梁柱上貼滿了客人的立可拍照片，大家隨興地或站或坐，拿著酒杯聊天，氣氛非常輕鬆。該餐廳食物從可配酒的炸物、各類主餐、排餐到甜點都有，甚至提供鯨魚肉和馬肉。

▲餐廳內部裝潢很有特色

Hafnarstrcti, 101 Reykjavík +3545552900 每日11:30～23:30 1,200～6,000 ISK saetasvinid.is/en P.130

## HORNIÐ

雷克雅維克最早開設的義大利餐廳，供應各類排餐、現做窯烤披薩、義大利麵及酒水，價格平實。

▲Hornið內部裝潢體尚停留在80年代，是體驗老派約會的好場所

Hafnarstræti 15, 101 Reykjavík +354 551 2866 每日11:00~23:30 1,500～4,500 ISK hornid.is P.130

## ÍSLENSKI BARINN

酒吧兼營餐廳，除酒精飲料外亦提供冰島古怪食物菜單。亦有提供冰島羊肉湯、海鮮湯、漢堡及羊排等單品且價格合理。

1a, Ingólfsstræti, 101 Reykjavík +354 517 6767 週一～週四11:30～01:00；週五、六11:30～03:00；週日11:30～00:00 1,500～3,500 ISK islenskibarinn.is/net P.130

# 平價餐廳

在首都雷克雅維克地區花費2,000 ISK，就算得上是相當經濟實惠的價格，以下餐廳提供新鮮豐富的三明治、湯品或甜點等，品項豐富價格較實惠，約落在1,500～3,000 ISK之間。

## STUDENT BAR (STÚDENTAKJALLARINN)

▲經濟實惠的餐廳，是當地學生的愛店

冰島大學的學生酒吧不時還有電影或學生樂團在此表演。餐廳內主要供應漢堡、三明治、墨西哥捲餅及各種適合配酒聊天的點心。啤酒與餐點都較市區餐廳便宜很多，口味及分量都令人滿意。

✉University Square, University of Iceland, Sæmundargata, 101 Reykjavík ☎ +354 570 0890 ⏲ 週日～四11:00~23:00；週五、六11:00～01:00 http studentakjallarinn.is MAP P.129

## BÆJARINS BEZTU PYLSUR熱狗攤

隨處可見的熱狗攤是冰島的國民美食。最著名的攤位為靠近Lćkjartorg的Bćjarins Beztu Pylsur。美國前總統柯林頓與名廚波登都曾前往品嘗。此熱狗攤也是冰島人週末狂歡的醉後點心。

✉Tryggvatagata 1, 101 Reykjavík ⏲ 週一～四10:00～01:00；週五、六10:00～04:30 MAP P.130

▲熱狗是冰島的平民美食，路上常見熱狗攤車

## BAKARÍ SANDHOLT

首都最老麵包店之一。種類多元的歐式麵包與火腿、香腸、牛肉、起司等組合而成的三明治，亦有手工巧克力與精緻甜點。是深受當地人喜愛的早午餐、下午茶店，週末座無虛席。

✉ Laugavegur 36, 101 Reykjavík ☎ +354 551 3524 ⏲ 週一～週日06:30～18:30 http www.sandholt.is MAP P.131

▲Sandholt的甜點外形精緻、色彩繽紛誘人，極推薦塔類

▲Sandholt最有名的便是他們的麵包，夾上起司、不同的肉類及生菜佐以咖啡便是最棒的早餐

## OSTABÚÐIN

起司店兼營的餐廳人潮絡繹不絕。每日特餐的魚以及每日例湯皆是口味豐富、分量頗佳的好選擇，以當地物價而言CP值相當高，連當地人都會前往享用，員工也相當風趣友善。Ostabúðin的午餐菜單選擇雖然不多但價格非常實惠、分量充足。

▲Ostabúðin主打的每日選魚，魚的種類與烹調方式經常替換

✉Skólavörðustígur 8, 101 Reykjavík ☎ +354 562 2772 ⏲ 週一～週日06:30～09:00 http ostar.is MAP P.130

▶Ostabúðin的店鋪外觀看起來小巧但前廳後面別有洞天，位子不少。餐廳的左邊則是其兼營的起司店

## GLÓ

▲圖窗明几淨、寧靜平和的氣氛相當和稱Gló的食物理念

冰島最棒的蔬食餐廳。使用多元、天然的香料增加蔬果的風味。其豐富的滋味與多樣的選擇讓非素食者也可以驚喜又滿足，Gló也有提供少量肉食。菠菜千層相當值得品嘗，菠菜與醬汁搭配堅果與不同口感層層堆疊；地瓜沙拉看似簡單但味道豐富。

✉ Laugavegur 20b, 101 Reykjavík ☎ +354 553 1111 🕘 週一～週五11:00～21:00；週六、日11:30～21:00 http www.glo.is MAP P.130

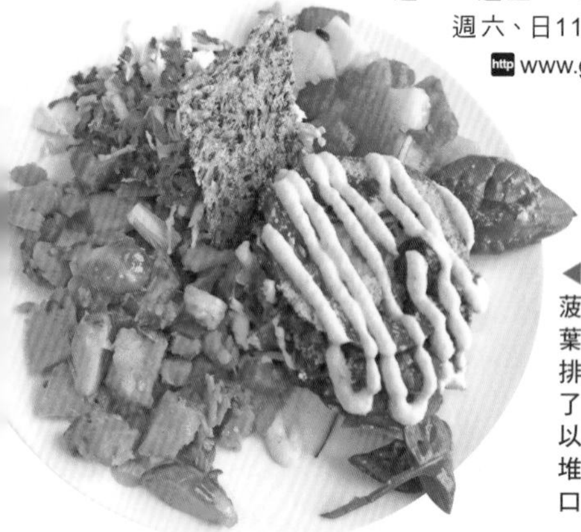

◀菠菜千層內菠菜葉與番茄片層層排列，內又穿插了堅果、高纖餅以及特製醬汁，堆疊出多層次的口感與豐富滋味

▲套餐可選擇櫃上的3樣配菜與一樣主食，外表樸實但內容都精心調味過絕對不單調

## THE COOCOO'S NEST 與VALDÍS冰淇淋

The Coocoo's Nest最大的特色是會不時更換菜單，相當北歐風格的餐廳擺設及親切價位深受年輕人喜愛，強力推薦酸種麵包與每日例湯。旁邊的Valdís冰淇淋更是絕對不可錯過的美味！多元化的選擇，每種冰淇淋味道都相當到位，特別推薦芒果與莓類，巧克力與起司蛋糕口味也是一絕，當然也有深受冰島人歡迎的甘草口味。

✉ Grandagarður 23, 101 Reykjavík ☎ +354 552 5454 🕘 週二～六11:00～22:00；週日11:00～16:00 http Coocoo's nest：www.coocoosnest.is/menu；Valdis：valdis.is MAP P.129

▲Coocoo's Nest裝潢溫馨、充滿冰島年輕人的週末早午餐聚會

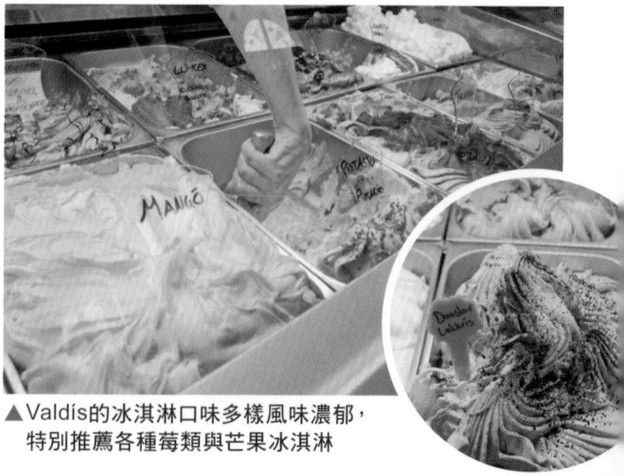

▲Valdís的冰淇淋口味多樣風味濃郁，特別推薦各種莓類與芒果冰淇淋

## THE GREY CAT

The Grey Cat是家小巧可愛的早午餐餐廳，裡面有許多書籍，坐在舊桌椅上閱讀氣氛非常溫馨。餐廳主打豐盛的美式早餐，鬆餅、焙果等都是餐廳裡的自製品項，配上濃濃的咖啡便可以精神飽滿的開始當天行程！

Hverfisgata 16, 101 Reykjavík +354 551 1544 週一～週五: 07:30~14:00；週末: 08:00～14:00 MAP P.130

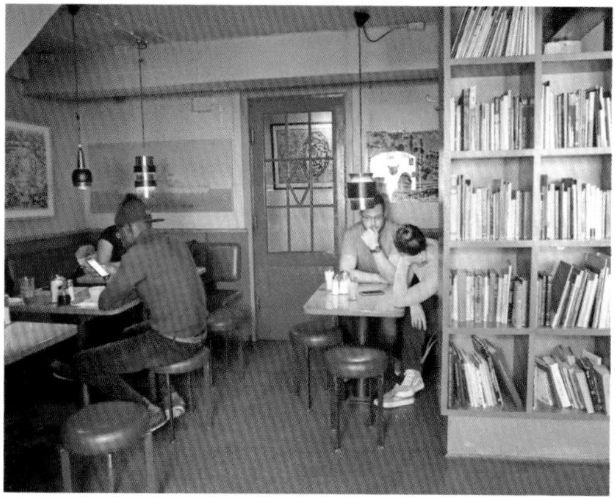

▲The Grey Cat小巧溫馨

### 貼心小提醒

**蔬食者在冰島**

冰島素食者比例不高，大多素食餐點也使用雞蛋與蒜、蔥等五辛。冰島人主要飲食以魚和肉為主，但大部分餐廳仍供應蔬食者可食用的沙拉或三明治、義大利麵等。點餐前可先向店家確認餐點是否含蒜頭、洋蔥等辛香料。大部分簡餐、咖啡店最常出現的素食料理是鷹嘴豆泥(Hummus)與蔬菜湯或豆子湯。超市如Hagkaup及kronan設有健康食品專區提供豆製品、速食漢堡排等。

## 亞洲餐廳

在冰島的泰國餐廳普遍價格較親民，味道較當地中國餐館好，價位約在1,200~3,000 ISK不等。下列餐廳皆位於雷克雅維克市區。

## NÚÐLUSKÁLIN

多種泰式咖哩麵，香料滋味飽滿、配料豐富不吃辣也可接受。

Skólavörðustígur 8, 101 Reykjavík，位於大教堂前斜坡下 +354 562 0202 週一～五11:30～21:00；週六12:00～20:00；週日休業 http www.nudluskalin.com MAP P.130

## KRUA THAI

想念飯食的話可前往味美價廉的Krua Thai一嘗各式飯食，飽足一頓。

Skólavörðustígur 21, 101 Reykjavík +354 552 2525 週一～週五11:30～21:30；週六12:00～21:30；週日17:30～21:30 http www.kruathai.is/en MAP P.130

## NOODLE STATION

泰式湯麵，口味與臺灣牛肉麵相當接近，價格親切。

泰式牛肉湯麵▶

Laugavegur 86, 101 Reykjavík +354 551 3198 週一～五11:00～22:00；週六、日11:30～22:00 http noodlestation.is/en MAP P.131

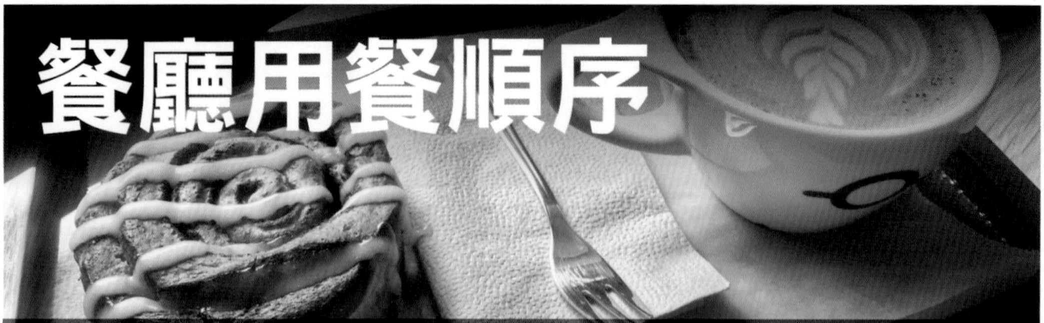


在不同場合，都有不同的用餐禮節要注意喔！。(圖片提供／劉怡君)

冰島人隨興愜意，平常用餐時並不用太拘謹。到較正式的高檔餐廳用餐則會有服務生在旁幫忙頻繁撤換餐具，完全不用操心什麼時候該用什麼餐具。冰島的餐廳通常不會加成服務費，服務生多可在薪資上得到等值回報，故並不會特別要求或期待客戶給與多餘的小費。但若覺得服務周到則可在結帳時向櫃檯提出多刷小費。

## 酒吧及咖啡店

▲酒吧大多直接於櫃檯點選飲料並直接取回座位

只提供酒飲的酒吧和咖啡店與早午餐店不同的是，你無需知會服務生，只要向櫃檯點飲料後付費並當場拿取飲料，再自行找位子坐下即可，店員大多皆可以英文溝通。

## 普通餐廳

普通餐廳的用餐順序與臺灣餐廳大同小異，進入餐廳後等待服務生帶位，就座後向服務生點餐，用完餐後索取帳單結帳即可。

## 中上等級餐廳

中上等級餐廳會將餐點從前菜到甜點組合成完整的套餐，如果食量不大也可以單點。主菜通常會有每日海鮮以及羊肉料理，是在冰島不能錯過的美食。餐廳用餐順序大約如下。

**Step 1** 說明來客人數並等待服務生帶位。

**Step 2** 提供酒水菜單，點酒類或飲料。

**Step 3** 提供食物菜單，點主食。

**Step 4** 提供甜點菜單，點甜點。

**Step 5** 用完餐後向服務生索取帳單。

**Step 6** 前往櫃檯結帳。

▲較好的餐廳裡額外的餐具、紙巾等皆可向經過的服務生索取

▲冰島人上餐廳習慣穿著正式，但用餐氣氛多半還是輕鬆的

# 冰島超市介紹

冰島外食價格昂貴，在超市購買食材自炊是很划算的選擇。

歐洲大部分民宿、公寓或是連學生宿舍都設有廚房，在冰島上館子會讓錢包大失血，就連當地人也很少外食。本章節介紹如何到超市採買便可在旅館中拼湊出冰島人家常餐桌菜、複製傳統風味。

## 自炊清單

本篇介紹的食譜不僅可以在冰島購買食材料理，也可以在超市買到現成的食品。旅行歸來以後照著以下步驟做，可以再次回味冰島美食，在家體驗維京人飲食。

### 龍蝦湯 (Humarsúpa/Lobster soup)

製作龍蝦湯需先將蝦殼剝除並去腸泥。蝦殼淋一點油後進烤箱烤到香酥。另起鍋將蘿蔔、洋蔥、西洋芹等蔬菜炒軟後加入白酒將酒精煮沸，再加入蝦殼與水熬煮成高湯。約半小時後將所有料撈出僅留下高湯。加入適量龍蝦高湯，將龍蝦放入湯中，加入鮮奶油將龍蝦煮熟即可。

◀龍蝦湯的精隨在於由龍蝦殼及其他蔬菜所熬出的濃厚海味高湯

### 香蒜烤龍蝦 (grillaður humar/Grilled lobster)

小龍蝦解凍，去腸泥後排上烤盤，加上香蒜奶油、白酒(可省略)，烤箱預熱至200度後將龍蝦送入烤箱烤約15分鐘。其汁液搭配法國長棍或烤土司風味絕妙。

小龍蝦口感較大龍蝦軟嫩，風味亦更鮮▶

### 馬鈴薯魚泥 (Plokkfiskur/Mashed fish)

500克馬鈴薯與一顆切碎洋蔥加入300毫升牛奶內煮至熟軟，而後加入500克白肉魚塊煮熟。加入50克奶油並將鍋內食物搗碎成泥(可先撈起部分魚塊保留口感)，加入鹽與大量黑胡椒並搭配黑麵包。

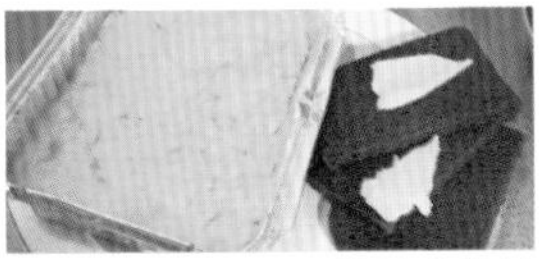

▲馬鈴薯魚泥在早期是剩菜料理，將前天吃剩的水煮魚與馬鈴薯混合又成了一道新菜

### 烤羊腿 (Lambalćri/leg of lamb)

羊腿撒上辛香料後進烤箱，180度烤2小時。傳統上食用時搭配水煮馬鈴薯、青豆罐頭與大黃果醬或覆盆子果醬及肉汁。可直接買超市已經醃漬好的羊腿，送進烤箱約2小時後便可食用。

每年9月中肉鋪會販售未經冷凍的新鮮小羔羊，此時的羔羊肉質極軟嫩、味道不腥羶▶

# 常見超市

冰島最常見的連鎖超市有1011、Bónus、Hagkaup、Kronan、Noaton等，北方則較常見到KS(Kauplelag Bitruljarðar)。每個城鎮也多有些當地人自營的超市，非連鎖超市的商品多半較連鎖超商貴一些，但有些小超市供有新鮮多樣的魚肉、海鮮或肉品。

## 1011　營業時間長

如臺灣的7-11，其商品較其他超市貴，但營業時間較長。生鮮魚肉蔬果、麵包甜食、冷凍食品等一應俱全。剛抵達冰島時超市若已關門可到1011先行簡單採購食物，隔日再到超市大採買。

▲1011的營業時間較長，可在此買到民生必需品

## Bonus　平價親民

走低價親民路線，是背包客前往冰島時不可錯過的補給站。黃底招牌上的粉紅豬辨識度極高。其自有品牌的果汁便宜好喝。

▲價格親民的Bonus有個顯眼的小豬招牌

## Hagkaup　精緻高檔

▲可以在Hagkaup買到豐富的異國食材自己料理

屬較高級的超市，蔬果種類與新鮮度較其他超市佳，也售有多元豐富的異國食材與香料，價格相對較高。有些Hagkaup裡有新鮮魚肉鋪可購買新鮮鮭魚自己製作成生魚片。

## Kronan　中級超市

品質與價格介於Bonus 和Hagkaup之間，購物空間較寬廣，蔬果種類較Bonus多，水果與肉品有時有意想不到的特價。

▲價格親民，隨時會有特價蔬果可以購買

## N1　加油站常見

N1加油站附設的超商，加油後可於N1櫃檯結帳，內設免費廁所。N1也有零食、少量生鮮及部分登山、露營用品。繩索、防蚊網帽及瓦斯罐等可於此取得。

### 超市資訊這裡查

- http 1011：10-11.is
- http Bonus：bonus.is
- http Hagkaup：www.hagkaup.is
- http Kronan：kronan.is
- http N1：www.n1.is/en

# 冰島風味啤酒

與親友一同暢飲他國沒有的特殊風味啤酒！(圖片提供／劉怡君)

當代冰島年輕人相當喜愛啤酒，因冰島酒精稅高，但水電便宜，許多人買了器具便在家裡釀起了啤酒來。冰島當地亦不乏多款經典啤酒、季節性啤酒、微型酒窖精製啤酒，甚至還有驚世駭俗的鯨魚啤酒。

豆知識

### 認識冰島酒類規定

冰島政府對酒精控管嚴格，僅有政府營運的國營酒類專賣店或領有執照的酒吧可販售含酒精飲料且課以重稅。在普通超市買到的啤酒，酒精濃度大約都只有2.25%，而且味道皆偏淡。

冰島在20世紀初開始因國民健康因素禁止啤酒直到1989年3月1日以後才解禁，每年的3月1日便定為啤酒日，許多酒吧舉行多種啤酒暢飲活動。

▶部分酒吧提供品嘗組合，可同時品嘗當地各種不同風味的啤酒(圖片攝於micro bar)

## 傳統品牌經典啤酒

冰島最經典品牌如Viking、Gull、Polarbeer等，一開始皆以拉格(Lager)啤酒起家。

▲傳統冰島啤酒

## 季節限定啤酒

每年的夏季、聖誕節、萬聖節時各推出不同風味的啤酒。夏日啤酒(Sumar Bjór)清淡的風味加上柑橘在夏天配著烤肉沖下肚令人大為過癮，通常於3月底～4月初之際推出。

聖誕節啤酒(Jólabjór)，多以黑麥製成味道偏深沉，香味黑麥汁但無甜味且多了些許啤酒花及少許甘苦尾韻。通常於11月底推出只賣到聖誕節為止。

聖誕節啤酒▶

## 當地常見的啤酒

### Kaldi

由一對冰島夫妻以捷克古法釀造，原料也由捷克進口，是冰島微型啤酒廠的先鋒。Kaldi於雷克雅維克的酒吧極受雅痞歡迎。

Kaldi啤酒▶

### Bríó

風味較接近Lager帶了柑橘風味，味道接近夏日啤酒，在極冰的狀態下風味極佳。

◀Bríó啤酒

### Einstök

Einstök意為獨特，該酒廠起源於北部阿庫雷里，現今在北美受到歡迎。最熱賣的白標white ale味道近似夏日啤酒，富柑橘香味。藍色為APA，黑色則帶了太妃糖與巧克力的焦香味。若夏天前往冰島也勿錯過夏日限定的莓類啤酒。

Einstök啤酒▲

### Gæðingur

Gæðingur意為超級好馬，特別推薦紫標的IPA，味道深沉略苦富啤酒花香味，後韻甘甜。

Gæðingur啤酒▶

## 鯨魚啤酒

以鯨魚為部分原料釀造的啤酒，僅於每年2月附近限量供應，驚世駭俗的鯨魚啤酒剛推出時掀起巨大爭議，行銷手法成功但其味道並不佳。

鯨魚啤酒的味道不是很好，好奇的遊客還是可以購買來嘗鮮▶

**豆知識**

### Gæðingur標籤的故事

每種酒標上都有個男子騎著馬，這是個冰島古老的恐怖故事。

馬上的男子是教會執事，執事預計帶女友Guðrún到他所在的城鎮共度耶誕節，但在前往途中執事在暴風雨中摔入河中受傷並淹死了。執事的屍體於隔天被農民發現，但女友尚不知此噩耗，執事的鬼魂接了女友回程的路上，女友發現有異，因為執事頭上有個極大的傷口。他們繼續行徑，但是接近執事的墳墓時，執事竟然奮力拉著女友想要一起下地獄，不過女友奮力掙脫並跑到教堂搖響鐘聲，最後將執事的魂魄趕回地獄。

▲Gæðingur啤酒上的標籤每個都不一樣，十分逗趣

# 冰島語指指點點

## 飲食篇

| | | |
|---|---|---|
| **Fiskur**<br>魚／Fish | **Humar**<br>龍蝦／lobster | **Brauð**<br>麵包／Bread |
| **Kaka**<br>蛋糕／Cake | **Bjór**<br>啤酒／Beer | **Vín**<br>酒／Wine |
| **Taka með**<br>外帶／Take away | **Þjórfé**<br>小費／Tip | **Lambakjöt**<br>羊肉／Lamb |
| **Servíettur**<br>餐巾紙／Tissue | **Eftirréttur**<br>甜點／dessert | **Matseðill**<br>菜單／menu |
| **Svínakjöt**<br>豬肉／Pork | **Kartafla**<br>馬鈴薯／Potato | **Nautakjöt**<br>牛肉／Beef |
| **Kjúklingur**<br>雞肉／Chicken | **Borða hér**<br>內用／Eat here | **Reikninginn**<br>帳單／Check |
| **Veitingastaður**<br>餐廳／Restaurant | **Matvöruverslun**<br>超市／Super market | **Fyrir grænmetisætur**<br>素食／Vegetarian |

| | |
|---|---|
| **Borð fyrir ___, takk**<br>__個人用餐／A table for __, please | **Má ég sitja hérna?**<br>我可以坐這裡嗎?／May I sit here? |
| **Borga með kreditkorti**<br>信用卡支付／Pay by credit card | **Get ég fengið reikninginn?**<br>我要結帳了／May I have the bill? |
| **Ég borða ekki ____**<br>我不吃 ___／I don’t eat___ | **Maturinn er ljúffengur**<br>餐點很美味／Food is delicious |
| **Þú mátt eiga afganginn**<br>請留著零錢(當小費)／Please keep the change | **Ég er með ofnæmi fyrir ____**<br>我對__過敏／I'm allergic to ___ |

# 購物篇 Shopping

## 冰島哪裡最好買？

遠道而來冰島，一定要買一些特色伴手禮回家，送給親朋好友，也給自己一份紀念喔！超級保暖冰島羊毛製品、北歐風格精簡有型設計小物，及各種風格的手繪明信片等，讓旅人們回家後仍可拿出來再三回味。

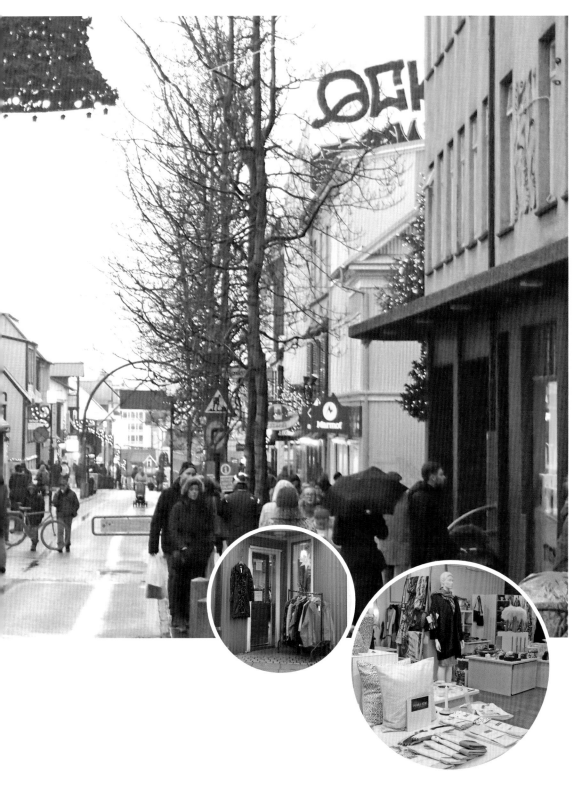

# 冰島購物商店

購買特別的禮品送給親友體現自己的心意吧！

冰島郊區雖有提供生活用品的超商，但購物賣場仍大多分布於首都地區與阿庫雷里。冰島的羊毛製品圖騰品質好又有特色，還有高品質的魚油及海鹽也相當適合當伴手禮。

## 禮品店

雷克雅維克市中心的購物區集中在勞加大街(Laugavegur)、哈克格林姆教堂(Hallgrímskirkja)下的Skólavörðustígur及舊城區一帶。除市區以外亦有大型賣場，提供更多不同價位與多種品牌的不同選擇。

◀總理辦公室前的Lækjartorg平日也有手工市集或街頭藝人表演

▲雷克雅維克市區商圈

### 大眾風格禮品店

走在雷克雅維克市區的勞加大街上，你絕對不會錯過各式各樣的禮品店。禮品店裡多販售以冰島為主題，方便攜帶、價格實惠的各式各樣禮品。冰島不興殺價，販售價格就是標籤上所標示的價格。

▲在首都的舊城區有數間禮品店，可前往挑選比價

### 北歐風禮品店

除大眾化的禮品店外，雷克雅維克也有不少販售描述冰島大自然意象的畫店或陶藝店；還有令人眼睛為之一亮的北歐設計風格生活用品店，以下店家價位略高但其家用商品如藝術品般精美，相當值得前去觀賞及拜訪。

#### Geysir

販售數個北歐著名品牌的衣物、背包、牛仔褲及露營用品。

Geysir商店▶

✉Skólavörðustígur 16, 101 Reykjavík；首都市區的哈克格林姆教堂斜坡下有一間；金圈的部分景點也設有分店 🕒 週一～六10:00～19:00；週日11:00～18:00 http geysir.com MAP P.130

## Hrím

▲從內而外透露出溫暖舒適氛圍的Hrím

位於勞加大街上有兩家面對面的Hrím，一走進店裡便立刻感受到其所傳達的北歐居家風格，溫暖舒適。Hrím Hönnunarhús販售概念性的北歐風格設計居家用品，舉凡花器、飾品、燈具到特色雜貨都有，並有許多前衛的概念性設計商品。對面的Hrím Eldhús則陳列來自世界各地帶有北歐簡約元素的廚具及餐具，還有非常多魯魯米(moomin)系列的餐具。

✉Laugavegur 25, 101 Reykjavík ☎+354 553 3003 ⏲每日10:00～18:00 http www.hrim.is MAP P.131

## Aurum

▲北歐風雜貨很受遊客歡迎

展現北歐大自然意象的的女性飾品如項鍊、戒指及手鍊等銀飾，亦有許多相當有創意的生活小雜物。

✉Bankastræti 4, 101 Reykjavík；在勞加大街底端，靠近總理府 ⏲週一～五10:00～22:00；週六10:00～18:00；週日12:00～17:00 http aurum.is MAP P.130

## IÐA Zimsen

販售書籍、雜物、特色禮品，甚至還有進口茶以及富趣味性的雜物皆可在這裡找到，店內兼營咖啡店亦提供甜點，是相當可愛又有氣質的店。

▲與咖啡廳結合的禮品店

✉Vesturgata 2a, 101 Reykjavík ⏲週一～日08:00～22:00 http www.facebook.com/IdaZimsen MAP P.130

# 購物中心

從購物中心可以觀察到冰島人的居家品味及偏好風格，還有時下年輕人喜愛的穿著款式。冰島人在生活用品上偏好其他北歐國家品牌，iitala、Royal Copenhagen或者丹麥平價雜貨品牌Tiger與Søstrene Grene皆相當受歡迎。

## 格陵蘭購物中心(Kringlan)

離首都中心最近的格陵蘭有商店、銀行、美食街、電影院、電信行等各式各樣的服務，冰島最夯的商家、貨品都可以在這裡找到！

✉4-12, 103 Reykjavík ⏲週一～週三、週六10:00～18:00；週四10:00～21:30；週五10:00～19:00；週日13:00～18:00 http www.kringlan.is MAP P.129

▲冰島賣場內的每間商店皆為獨立隔間

## Smáralind購物中心

Smáralind位於Kópavog，是冰島占地最大的的購物中心，由首都駕車20分鐘可達。其電影院設備新穎，商店也比格陵蘭大。但格陵蘭店家集中，逛起來較有效率。

✉Hagasmári 1, 201 Kópavogur ⏲週一～週三、週五11:00～19:00；週四11:00～21:00；週六11:00～18:00，週日13:00～18:00 http www.smaralind.is MAP P.144

# 冰島特色禮品

**機**能良好的外衣為寒酷嚴冬中不可或缺的物品，冰島當地品牌66°N、ICEWEAR有各式各樣的機能型衣物供選擇。亦有傳統手織特殊冰島圖騰的羊毛衣。

## 特殊商品

冰島的禮品店裡有許多相當精巧、容易攜帶又帶有冰島意象的禮品，亦有許多富有設計感可帶回家的小物。添增北歐風味的小單品也相當推薦入手。

### 海鹽

各色各樣的風味海鹽及海鹽，鹹味溫醇，可引出食物最佳風味。Bonus超市亦販售不同種類及風味海鹽，價格較禮品店實惠許多。

### 空氣

在空汙嚴重的日子裡來上一罐新鮮的冰島高山空氣吧！使用前可先將罐頭置於冰箱冷藏後再取出打開，更能體驗到冰島當地特有的冷冽與清新。

### 攝影書

攝影書裡集結了冰島的知名景點以及許多難以到達的祕密角落，透過專業攝影師的鏡頭角度看到冰島不同的風情，並將自己無緣見到的或拍不好的風景收藏在口袋裡，回到家後仍可不時拿出來細細回味。

### 藍湖白矽泥

將藍湖旁任由訪客取用的白矽泥帶回家，重溫藍湖的美好體驗。由機場出關時可順手購買並在家享受來自冰島大自然對肌膚的呵護，白矽泥可深層清潔肌膚並去除表面角質。

## 各式酒瓶塞

各式酒瓶塞價格不貴且富有趣味性及冰島風格，送給朋友絕對令人驚豔。

## 小雕像

可愛精巧不同主題的小雕像，活靈活現又樸拙地呈現了可愛房子、著名建築及矮人等冰島當地特色。

## T-SHIRT

禮品店的紀念T-shirt款式眾多且多具代表性，如各類可愛的海鸚、冰島國旗或帶有北歐意象的圖騰，都相當值得帶回家作紀念或當伴手禮。

## 聖誕彩繪球

每逢聖誕節，冰島人就會在家裡設置聖誕樹，並在樹上布置聖誕飾品以及這類彩繪球，有些彩繪球會繪上經典故事或宗教題材。

## 火山灰

罐子裡的火山灰，來自於2010年噴發造成全歐洲及北美航班大亂的艾雅法拉火山。這絕對是個聖誕節交換禮物的有趣驚喜！

## 維京船

維京船是北歐維京人於8～11世紀之間於歐洲四處征戰、掠奪或交易時使用的船隻。船頭有龍、船身狹長以及如鯨魚骨般的枝幹是其最大特色。

## 中世紀維京風禮品

位於勞加大街上的索爾禮品店(Thor)門邊有座巨大的索爾雕像，禮品店內販售許多與維京人以及北歐神話為主題，富中古世紀味道的禮品，例如啤酒杯、銅製北歐神祉、銅製維京船等，都相當精緻。

## 魚子醬

印象中價格高昂的魚子醬，在冰島的價格居然如此親切(約450 ISK)！買來送禮面子裡子都做足。可搭配小餅乾，當前菜或佐沙拉一同食用。

## 魚子醬膏

魚子醬膏雖非冰島本地產，但仍是相當值得入手、CP值極高的食品。充滿海味的魚子醬膏可搭配麵包以及水煮蛋一同食用。

## 冰島音樂CD

冰島的音樂享譽國際，不妨到唱片行現場試聽，挑張有感覺的CD回家作紀念。12 Tónar 裡頭有許多小眾或獨立製作的音樂，推薦前去挖寶。

## 羊毛製品

冰島的羊毛衣(Lopapeysa)與其他北歐國家毛衣的差異，在其以純羊毛線與絨共合成為織料，本身質料蓬鬆而且夾以許多粗絨毛，可稍微防風、保暖性極佳。冰島毛線衣特色為粗針織成，在肩膀、手腕與下擺處有一圈雪花般的圖騰，顏色大多為不同層次的灰色或棕色加以搭配，每件都有其獨特性！

## 羊毛氈鞋

純冰島羊毛氈製成的室內拖鞋，穿在腳上柔軟舒適又保暖。

## 冰島羊毛製品哪裡買

### 冰島針織協會
### (Handknitting Association of Iceland)

許多禮品店皆有販售北歐風格羊毛衣，但位於大教堂下專賣羊毛衣的針織協會與許多職人合作販售，選擇相當多樣，款式、尺寸都相當齊全，該店亦售有其他毛料單品，即便不購買也相當值得走訪該店欣賞冰島婦女們的傳統手工藝。

毛衣的製作人的名字皆標在標籤上

- Skólavörðustígur 19, 101 Reykjavík
- +354 552 1890
- 週一～五09:00～18:00；週六09:00～17:00；週日10:00～17:00
- MAP P.130

針織協會裡販售的毛衣照尺存及種類排放

# 當地特有品牌

冰島較少有有名的消費性商品品牌，多以機能型衣物及食品為主，品質都很好，相當值得入手。

## LYSI魚油

LYSI魚油相當適合送給長輩。omega3是北歐人長壽的祕訣。富含維他命D及DHA的魚油與魚肝油是當地人每日服用的保健食品，用來補足冬天日照不足缺乏的維他命，除LYSI以外BONUS超市也有供應價格較實惠的自有品牌。

## LOPI羊毛線

LOPI羊毛線在在歐洲也小有名氣，冰島人對於羊毛織物的熱愛使得市面上有相當大量的織物圖騰書籍，冬天時許多人針線不離手。

## OMNOM巧克力

冰島著名的設計款omnom巧克力有多種口味，對巧克力及設計極熱愛的冰島人將兩者結合成為時尚巧克力。

## 服飾

最著名的品牌66° N、ICEWEAR、Cintamania、ZO-ON等品牌，這些品牌價位偏高，但在商店裡不時有特價單品可以低價購入，而品牌商品多數在東歐製造而非本地產出。體型較嬌小的人不妨嘗試兒童的最大尺寸，價格比成人的衣物便宜許多。

諸多品牌中ICEWEAR及Zo-On的CP值較高；66° N名氣大較有設計感；Cintamania則介於兩者之間是個好選擇。

### 行家密技 Outlet撿便宜

66°N、ICEWEAR在格陵蘭百貨不遠處的Skefan區有暢貨中心，有經過可順道過去撿便宜，價格約為原價的4～7折不等。

**66°N outlet**

✉ Faxafen 12, 108 Reykjavík
http www.66north.com
MAP P.129

**Icewear outlet**

✉ Fákafen 9, 108 Reykjavík
http www.icewear.is/en
MAP P.129

# 退稅條件與流程

提早辦理退稅手續比較保險喔！

冰島普通物品的稅率約為24%，食物和書籍11%，商品退稅約可以拿回15%。若旅行北歐多國的話可再最後一個國家出境時統一辦理。餐廳超市等皆不提供退稅服務，部分商家可供退稅者會在門口貼上Tax Free的字樣，大部分店家與Global Blue或者TAX FREE WORLDWIDE退稅公司合作。

退稅的條件隨每年法規跟財務狀況可能略有變動，例如2016年就把退稅門檻提高到6,000 ISK，建議查詢機場網頁的最新退稅資訊，或者詳讀退稅單信封後面的指示。

## 退稅條件

1.同張發票上的物品稅後總金額需超過6,000 ISK。
2.購買人需於購買物品3個月內離境。
3.退稅單資料完整，物品可於出境時出示供檢驗。

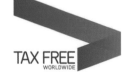

▲免稅集團Globalblue的標誌，免稅集團單純與店家合作，不會影響到消費者的退稅比例

▲另一免稅集團TAX FREE WORLDWIDE的標誌

### 貼心小提醒

**旅遊多國後於冰島退稅**

部分遊客一次遊覽歐洲多國最後於出境國家辦理退稅，如果最後在冰島退稅，需要注意因為貿易協定的規定，冰島僅能認證旅客於荷蘭、瑞士、挪威以及丹麥的購買發票，其他國家的發票則不予退稅。

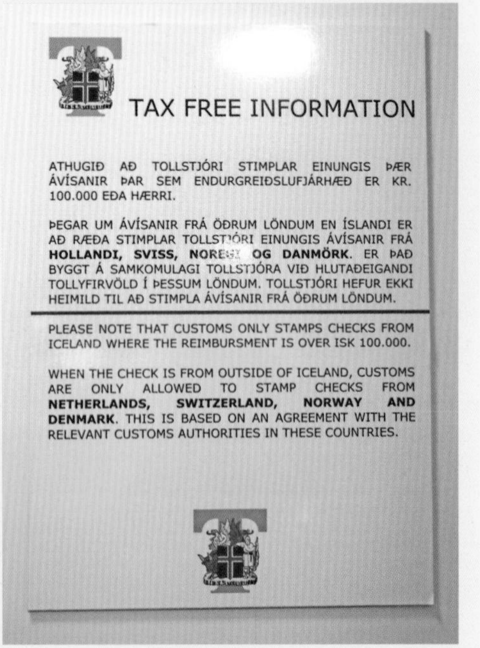

TAX FREE INFORMATION
ATHUGIÐ AÐ TOLLSTJÓRI STIMPLAR EINUNGIS ÞÆR ÁVÍSANIR ÞAR SEM ENDURGREIÐSLUFJÁRHÆÐ ER KR. 100.000 EÐA HÆRRI.
ÞEGAR UM ÁVÍSANIR FRÁ ÖÐRUM LÖNDUM EN ÍSLANDI ER AÐ RÆÐA STIMPLAR TOLLSTJÓRI EINUNGIS ÁVÍSANIR FRÁ HOLLANDI, SVISS, NORE OG DANMÖRK. ER ÞAÐ BYGGT Á SAMKOMULAGI TOLLSTJÓRA VIÐ HLUTAÐEIGANDI TOLLYFIRVÖLD Í ÞESSUM LÖNDUM. TOLLSTJÓRI HEFUR EKKI HEIMILD TIL AÐ STIMPLA ÁVÍSANIR FRÁ ÖÐRUM LÖNDUM.
PLEASE NOTE THAT CUSTOMS ONLY STAMPS CHECKS FROM ICELAND WHERE THE REIMBURSMENT IS OVER ISK 100.000.
WHEN THE CHECK IS FROM OUTSIDE OF ICELAND, CUSTOMS ARE ONLY ALLOWED TO STAMP CHECKS FROM NETHERLANDS, SWITZERLAND, NORWAY AND DENMARK. THIS IS BASED ON AN AGREEMENT WITH THE RELEVANT CUSTOMS AUTHORITIES IN THESE COUNTRIES.

# 退稅單填寫

冰島退稅手續並不繁雜，過程與其他歐洲國家相同。購買物品時可直接向商家索取退稅單，退稅單內容及填寫方式如下。

## 填寫退稅單Step by Step

付款時取得退稅單並將所有購買資訊正確填入，務必確認信用卡號碼是正確的才能正確退款。

### Step 1 填寫退稅單

詳實地將所有資訊正確填入表格裡，以方便退稅人員核對資料。

fjögur þúsund sex hundruð og fimmtíu krónur

1 4.650kr.

Customer

2 First Name

3 Last Name

4 Home Address

5 Country

6 Passport No.

7 Credit Card No.

8 Donate to charity

9 Declaration
I have purchased the goods listed on this form, which I will export

Customer Signature

10 Retailer signature
Undirskrift verslunar/Retailer signature

11 For official use
Customs verification of export from Iceland: Stamp, date, and signature.

1. 退稅金額
2. 名
3. 姓
4. 住址
5. 居住國家
6. 護照號碼
7. 信用卡卡號
8. 是否捐出做公益？可填 Yes 或者 No
9. 購買人簽名
10. 務必取得店家簽章
11. 海關簽章處

### Step 2 釘起退稅單與收據

將退稅單與收據一一整理好並釘起來。

### Step 3 放入信封

將退稅單與收據放入信封內。

### Step 4 前往退稅

詳讀信封後方退稅步驟後，跟循指示至機場退稅櫃檯辦理退稅。退稅條件與方式逐年不同，請依當場拿取的照信封後方及機場官方網站公布為主。

1. 如何填寫您的退稅單
2. 退稅單需包含以下內容：姓名、地址、居住國家、信用卡號碼(16碼)、護照號碼、您的簽名
3. 請記得附上明細(收據)，您可以選擇退稅歐元、美金、英鎊、冰島克朗等貨幣

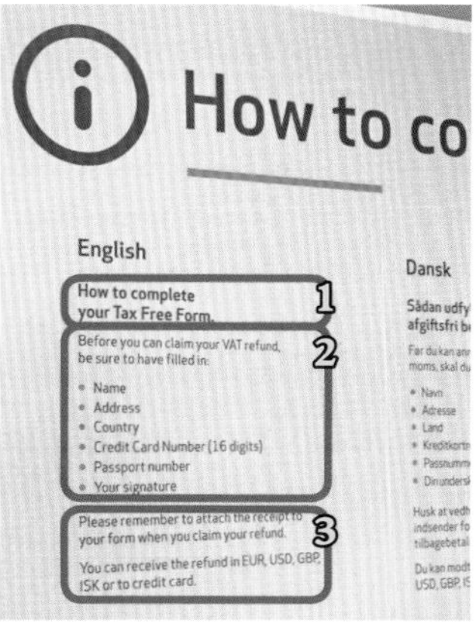


▲退稅櫃檯旁的看板說明退稅所需資料與步驟

# 機場退稅流程

機場退稅需在出關之前完成，建議先將所有書面資料都先準備好並提早前往機場以免排隊久候。

## 機場退稅Step by Step

機場退稅有兩種方式，退稅金額超過100,000 ISK時，必須先前往海關處認證退稅物品及退稅單。

### 退稅金額低於100,000 ISK

1 Step 將退稅單詳盡填寫，並且將收據放於信封之內。

2 Step 辦理登機掛行李之前先前往退稅櫃檯認證退稅文件。

3 Step 將文件提供給櫃檯人員檢視。

4 Step 確認退稅金額或將退款匯入信用卡。

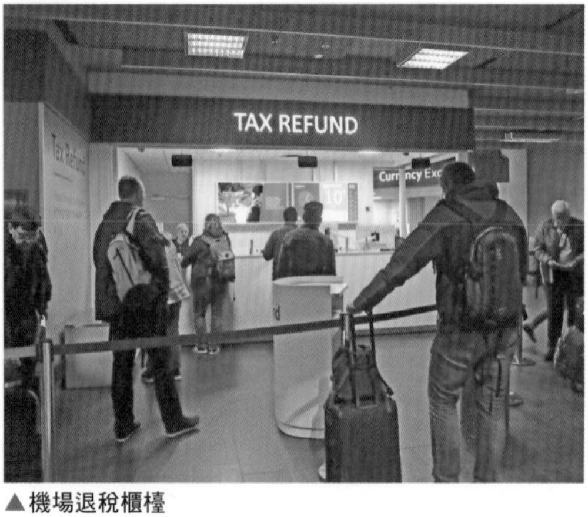

▲機場退稅櫃檯

### 退稅金額高於100,000 ISK

1 Step 將退稅單填妥並將收據收於信封內。

2 Step 前往海關處認證退稅物品及退稅單。

3 Step 前往退稅櫃檯辦理退稅流程，並將海關認證文件交由退稅櫃檯人員。

4 Step 向櫃檯人員確認要退現金或將退款匯入信用卡。

▲海關處位於機場退稅櫃檯後方

**機場退稅這裡查**

退稅相關規定可前往海關網站查詢：

http www.tollur.is/english

點選individuals→customs→traveling-to-iceland→tax-free-vat-refund(www.tollur.is/english/individuals/customs/traveling-to-iceland/tax-free-vat-refund/)。

# 購物商場退稅

雷克雅維克的購物中心如格陵蘭等多半也可購物後直接在服務臺辦理退稅。退稅時需準備護照、購物收據及購買物品。在購物商場內多半以現金方式退稅，現場可由櫃檯人員協助立即簽屬文件並放款，相當迅速便利。

## 郵寄退稅

若來不及在機場辦理退稅的話，也可以將退稅單連信封一起郵寄出去，但文件仍必須經過海關確認蓋章後才生效。郵寄退稅的好處是節省時間，但在處理時間上快則一週，慢則會拖上3個月，且若文件有問題與退稅公司的溝通會較為麻煩，且郵寄退稅會額外收取手續費。

### 郵寄退稅Step by Step

**1 Step** 將物品及退稅單準備好供海關檢驗蓋章。

**2 Step** 將海關認證後的文件放入信封袋裡寄出。

**3 Step** 文件寄出前記下文件號碼，之後可以在退稅公司網站上追蹤狀態。

### 郵寄退稅進度這裡查

**Global blue進度追蹤**

http secure.globalblue.com/tax-free-shopping/refund-tracker

**Tax Free Worldwide進度追蹤**

http premiertaxfree.com/track-my-refund

▲跟隨著Customs Check for Tax Free找到海關並認證文件

## 冰島語指指點點 購物篇

| | | |
|---|---|---|
| | **Versla** 購物／Shopping | **Poki** 購物袋／Shopping bag |
| | **Reiðufé** 現金／Cash | **Til sölu** 特惠／For sale |
| **Kvittun** 收據／Receipt | **Ull** 羊毛／Wool | **Tollur** 海關／Custom |
| **Baðherbergi** 免稅／Tax free | **Endurgreiðsla skatts** 退稅／Tax return | |
| **Útsala** 特價／Sale | **Hversu mikið kostar þetta?** 多少錢？／How much is it? | |

# 玩樂篇 Sightseeing

## 來去暢遊冰島！

冰島由火山與冰河組成，極光、冰河、火山、溫泉以及壯麗的大自然景觀皆是拜訪冰島不可錯過的重點。除了觀賞自然景觀外，也建議參加各類當地旅行團增加旅遊趣味性！

# 文化體驗

多元豐富的文化，值得細細體驗不容錯過！

**除了著名的自然景觀以外，到冰島時可以配合季節穿插當地活動增加趣味性，也更深入體驗當地文化。**

## 全球最北首都馬拉松

雷克雅維克為全球緯度最高的首都，以此為賣點的城市馬拉松每年吸引全球15,000名跑者前往參賽兼觀光。雷克雅維克馬拉松路線高低起伏不多，多圍繞著鬧區外圍海岸線平坦步道，路途中會有很多當地民眾帶著小孩站在家門口敲敲打打地為跑者加油。

▲全球緯度最高首都馬拉松吸引諸多好手前來

當天也有許多藝廊與博物館接連舉辦活動，午後許多人聚集在市區欣賞現場演唱會、街頭表演與會後煙火。路跑結束當天晚上則是例行的年度重頭戲Culture Night，通常在每年8月的第三個週末舉辦。

▲首都馬拉松沿途許多家長帶著孩子為跑者加油

### 雷克雅維克馬拉松資訊這裡查

雷克雅維克馬拉松網站提供報名、購買紀念品、查詢不同里程的路線，及查詢選手成績，還有許多歷年經典照片皆在網站上供觀看。

**雷克雅維克馬拉松官方網站**

http marathon.is/reykjavik-marathon

# 冰島精采夜生活

也許是因為冬夜太漫長或缺乏娛樂的關係，內向安靜的冰島人熱愛在週末到市區酒吧飲酒狂歡，幾杯黃湯下肚後便拋掉平時沉著的外衣暢所欲言。每個假日即便刮風下雪都可以看到年輕人流連酒吧，及大排長龍的計程車，午夜2點正是最熱鬧的時刻，直到凌晨4、5點後街頭才恢復平靜。

雷克雅維克酒吧風格多元，供應小量釀造啤酒的MicroBar與Kaldi是啤酒愛好者好去處；Austur Club深受年輕女孩歡迎；Kíkí為同性戀者的最佳獵豔地點。市區酒吧繁多，可進入酒吧內繞一圈觀察是否喜歡該風格再決定留下，大多不收入場費。

▲Micro Bar 的啤酒把手每個都對應到不同口味與標籤

▲入場後直接走向櫃檯，若對啤酒沒有太多研究可考慮點選現榨的生啤酒

## Micro Bar

✉ Vesturgata 2, 101 Reykjavík ☎ +354 865 8389 ⏲ 週一～四16:00～00:30；週五16:00～01:30；週六12:00～01:30；週日12:00～00:30 ➡ 搭1、3、6、11、12、13、14號公車，於Lækjartorg站下車，步行5分鐘後即到達 $ 1,000 ISK起 http www.facebook.com/MicroBarIceland MAP P.130

## Kaldi Bar

✉ Laugavegur 20b, 101 Reykjavík ☎ +354 581 2200 ⏲ 週日～四12:00~01:00；週五、六12:00～03:00 ➡ 搭1、3、6、11、12、13、14號公車，於Lækjartorg站下車，步行10分鐘後即到達 $ 1,000 ISK起 http www.kaldibar.com MAP P.130

## Austur Club

✉ Hafnarstræti 8, 101 Reykjavík ☎ +354 568 1907 ⏲ 週三、四20:00～01:00；週五、六20:00～04:30；週日～二休息 ➡ 搭1、3、6、11、12、13、14號公車，於Lækjartorg站下車，步行3分鐘後即到達 $ 1,000 ISK起 http www.facebook.com/austurclub MAP P.130

## Kíkí Queer Bar

✉ Laugavegur 22, 101 Reykjavík ☎ +354 568 1907 ⏲ 週三、四、週日20:00～01:00；週五、六20:00～04:30；週一、週二 休息 ➡ 搭1、3、6、11、12、13、14號公車，於Lækjartorg站下車，步行10分鐘後即到達 $ 1,000 ISK起 http www.facebook.com/Kiki-queer-bar-524995824201595 MAP P.130

▲純喝酒的酒吧不需入場費，但少部分跳舞的 Disco 則酌收入場費用

# 音樂與電影

除極光跟自然景致外，冰島音樂的原創性也非常受矚目，當地音樂人由冷冽的自然景致、沉靜的性格與其特殊腔調發展出獨特音樂路線。被譽為冰島最著名的出口品的歌手碧玉(Björk)，其作品充滿大膽前衛的實驗性與藝術性，到近年更融入政治意涵。

sigur rós、Of monster and man、múm、Ólafur Arnold、Ásgeir皆為近年來在海外知名度極高的樂團。冰島每年的數個音樂祭吸引了眾多音樂同好者前往朝聖，下列為冰島著名的數個音樂節。

## Iceland Airwaves Music Festival

Iceland Airwaves Music Festival是冰島最熱門的音樂祭典，經常有著名音樂人演出，每年吸引大批音樂迷前往冰島參加盛事，需數月前購票，是冰島最重要的音樂慶典！。

✉ 雷克亞維市區，請見網站 ⏲ 每年11月初 $ 14,900 ISK起 http icelandairwaves.is

## Reykjavik Folk Festival

以民謠為主題的音樂會，大多舉辦在Kex Hostel，並以復古方式演唱，觀眾們拿著啤酒或飲料近距離地圍繞在歌手前方，氣氛溫馨。許多冰島著名音樂人由此發跡。

✉ Kex Hostel Reykjavik ⏲ 每年3月初 ➡ 搭1、3、6、11、12、13、14號公車，於Barónsstígur站下車，步行10分鐘後即到達 $ 每晚3.300 ISK http www.folkfestival.is/en

## Secret Solstice festival

舉辦於每年日照最長的日子裡，在午夜的日照下狂歡，參與者多半為年輕人，音樂會本身就是一場大型派對。

✉ Engjavegur 7, Laugardalur, 104 Reykjavík ⏲ 每年6月中旬 ➡ 搭2、5、15、174號公車，於Laugardalshöll站下車，步行10分鐘後即到達 $ 15.900 ISK起 http secretsolstice.is

## 雷克雅維克國際電影節(RIFF)

小眾或獨立製作電影撥放，通常採用藝術性較高的非商業片，可買套票或單挑喜歡的電影欣賞，電影涵蓋許多國家及語言。

✉ 雷克雅維克多處戲院 ⏲ 9月底～10月初 $ 1,500 ISK起

▲雷克雅維克國際電影節(RIFF)

▲電影節舉辦的其中一個活動，與眾人共同在游泳池內欣賞電影

## 特殊慶典

到達冰島之前可依照自己的停留日期搜尋經過的小鎮是否有舉行慶典，一同加入同歡，更了解當地生活方式與歷史文化。仲夏節為結束漫長冬夜並迎接夏日來臨，在所有北歐國家中是相當重要的日子；同性戀大遊行、Culture night與獨立紀念日則是可以在街頭看到最多冰島人的日子。

8月的第一個星期一為聖誕節前的最後一個國定假日，大多冰島人會前往郊外度假小屋享受最後的假期，年輕人則奔向西人島享受狂野派對。每年除夕夜午夜時分居民們大量施放煙火，或在沿海處堆放營火。

### 冰島慶典與活動這裡查

**冰島觀光網站**

冰島人熱愛音樂、藝術與派對，全年各地皆有不同的音樂與藝術節，冰島觀光網站介紹了冰島全年重要的節日與國定假日怎麼玩、該去哪都詳列在以下網站。

http www.visiticeland.com
(點THINGS TO DO→FESTIVALS)

**Grapvine網站**

Grapvine網站列出雷克雅維克地區目前正在進行以及未來幾天的活動，可以和行程搭配增加趣味性。

http grapevine.is(點Happening)

▲眾人攜家帶眷一起出來國慶遊行

▲冰島人在仲夏節當天多以烤肉與啤酒派對來慶祝夏天的來臨

▲跨年夜整個城市都是煙火，有些社區會燃起營火

**冰島重要節慶列表**

| 節慶 | 時間 | 地點 | 內容 |
|---|---|---|---|
| 仲夏節 | 4月21日 | 全國 | 舉辦派對與烤肉慶祝夏天到來 |
| 藝術節 | 5月底～6月初 | 雷克雅維克 | 音樂、舞蹈、設計活動遍佈 |
| 獨立紀念日 | 6月17日 | 全國 | 遊行與街頭表演 |
| 龍蝦節 | 6月的最後一週 | 赫本 | 各式龍蝦料理 |
| 同志大遊行 | 8月的第二個週末 | 雷克雅維克 | 化妝遊行力挺同志權益 |
| Bank Holiday | 8月的第一個週一 | 全國 | 到聖誕節前的最後一個國定假日，把握機會狂歡 |
| Culture night | 8月的第三個週末 | 雷克雅維克 | 演唱會與煙火 |
| 新年煙火 | 12月31日午夜 | 全國 | 家家戶戶施放煙火 |

*製表／林佩儀

冰島主題之旅2

# 生態與自然景觀

飽覽與亞熱帶地區相異的可愛動物與豐富美景！

**冰島陸地上物種不多，但位於歐美交界的領空與海域有諸多候鳥與鯨魚、海豚群居住或往返於此地，每年也偶有北極熊漂流到冰島北部。**

## 賞鳥

冰島少有陸上野生動物，唯一的本土哺乳類動物是北極狐，但其鳥類生態頗豐富，在環境並不多元的冰島紀錄上出現過300多種鳥類。各種候鳥約於5月底～6月時節到達冰島繁衍後代。冰島有池塘的地方便可見絨鴨與海雁，靠近樹林的地方經常出現地域性極強的兇猛北極燕鷗；最受歡迎的鳥類為嘴部多彩、眼睛像小丑的的帕芬鳥(puffin)，最佳觀賞帕芬鳥的地點為西人島。

**1**.禮品店的帕芬鳥模型／**2**.冰島有地塘的地方常見各式鳥類

▲有溫泉的水域相當適合鳥兒過冬

豆知識

### 北極也曾有過企鵝

19世紀前，冰島南部沿岸仍存在一種外貌舉止極似企鵝的鳥類──大海雀(Great Auk)。無法飛行的大海雀成為人類的食物來源，並遭到過量捕殺導致數量銳減。當人們發現事情不對勁、政府也插手禁止捕殺時，收藏家卻開始高價收購導致大海雀絕種。

## 賞鯨

冰島全年皆可賞鯨，不過每年夏天的4～9月為最佳的賞鯨時期。冰島附近海域有超過20種鯨豚類。虎鯨、座頭鯨、藍鯨、小鬚鯨及白喙斑紋海豚等較常出現，體型最大的藍鯨長度可達33公尺。

冰島較著名的賞鯨港口為西部雷克雅維克、斯奈山半島等交通較為方便；北部的胡薩維克則是最佳的賞鯨地點。上述港口皆有數個旅遊公司營運賞鯨行程，可由「地名／區域名+whalewatching」為關鍵字搜尋比較行程。賞鯨行程風大，須多注意防風與保暖。

▲首都舊港口區有數個旅行團提供賞鯨行程

▲停靠於雷克雅維克舊港口邊的賞鯨船

**貼心 小提醒**

### 雷克雅維克賞鯨團

如果在冰島遊玩的時間不長，建議遊客選擇位於首都雷克雅維克的賞鯨團，可以免去舟車勞頓，和首都景點一起安排，可以節省不少時間。

**豆知識**

### 冰島的捕鯨文化

冰島與法羅群島、挪威為歐洲少數仍可合法捕鯨並食用的國家。早年鯨魚為冰島的食物來源之一，但現今物資食材選擇豐富及鯨魚肉本身並不特別美味，所以當地甚少人食用，加以環境保護等考量下，鯨魚的捕捉量逐年下降。

## 觀賞瀑布

電影《普羅米修斯》(Prometheus)開場中氣勢磅礡、音量懾人的瀑布便是位於冰島北部的岱堤瀑布(Dettifoss)，為歐洲流量最大的瀑布。冰島多冰河地形，冰河切割出來的高度落差加上冰河融出的大量水流造成冰島處處有瀑布且皆免費觀賞。

▲岱堤瀑布氣勢磅礴

## 騎馬

▲馬兒都經規訓過，初學者甚至孩童也可騎乘

蓄著長髮的冰島馬小巧玲瓏、身材精實，適合初學者嘗試騎乘。騎馬行程相當多元，從適合初學者的1～2小時入門行程，到可馳騁的進階者行程，甚至有多日騎馬行程，由高地到溫泉，有多種主題供選擇。

冰島許多城鎮都有馬場，建議到冰島時視天氣與整體時間安排再行預約騎馬活動，晴天與下雪天視野都相當美麗，下雨天視線較不佳。

安排騎馬行程時可使用「地名／區域名＋horse riding」於網路上搜尋附近馬場。

豆知識

### 冰島馬

在早年，馬是冰島最重要的交通工具，馬老了以後不能浪費資源，所以冰島人也會食用冰島馬肉，至今在超市仍可輕易取得馬肉香腸與馬肉排。另外，冰島馬一經出口便不得再回到冰島，以確保基因的單純性。

(圖片提供／劉怡君)

## 看夕陽

高緯度地區陽光斜射，所以相當容易看到夕陽或日出大燒，整片火紅的夕陽渲染了天空跟海面。有時也會出現橘色或粉紫色的天空。春天與秋天是看夕陽的最佳季節，下午約5點如果天氣尚佳，天空有薄雲便可往海邊沿岸走去，運氣好可以看見驚人美景。

最佳觀賞夕陽的地點於冰島南岸與西岸，首都雷克雅維克隨處可看見山與海，是個相當理想的地方。

△南部的夕陽於海平面上燒紅了整片海洋

# 泡溫泉

冰島的冷水龍頭打開是透心涼的清甜山泉水，熱水龍頭打開則是地熱區直送帶著硫磺味的滑溜溫泉水。冰島人非常熱愛到住家附近的游泳池泡溫泉兼交際，孩子們在大池裡打水仗，大人們則排排坐在熱氣蒸騰的熱水池裡大聊是非。

冰島的溫泉及游泳池衛浴間幾乎沒有私密性可言，所有人必須裸身進入無隔間的淋浴間，把自己洗個乾淨才能穿上泳裝下水。遊客較多的泳池甚至安排工作人員在旁盯梢，這對許多西方遊客來說仍然非常震撼。

造訪冰島除了著名的藍湖之外，建議旅人們加入當地人的行列，一訪當地的泳池與或其他野外溫泉。以下介紹一些價位親切、不擁擠的泳池與溫泉。

## 雷加溫泉 (Hveragerði /Reykjadalur)

行進3公里的步道後，進入溫泉溪流阻隔成階梯式的露天溫泉池，是個免費且相當融入大自然的溫泉，周邊亦有步道可健行。

▲雷加野溪溫泉由天然溪流攔截而成，適合朋友三五成群圍坐，周邊亦有簡易圍欄可更換衣物

✉ Reykjadalur Hot Spring 🕒 全年開放，但冬天不易進入 $ 免費 ➡ 由Hveragerði走1號公路，行經Hveragerði小鎮時，轉入Breiðamörk路行經4公里後即到達 http www.south.is/en(點WHAT TO SEE & DO→ACTIVITIES FOR KIDS→reykjadalur-valley) MAP P.144

## 祕密潟湖(Secret Lagoon)

沒有太多修飾的樸實溫泉，也是冰島最古老的泳池。距離金圈路線20公里，自駕可順道前往，建議事先預約。

✉ Hvammsvegur, 845 Flúðir ☎ +354 555 3351 🕒 週一～五06:30~22:00；週末08:00~22:00 ➡ 走30號公路，進入Flúðir小鎮，轉入Hvammsvegur路行經2公里後即到達 $ 3,000 ISK http www.secretlagoon.is MAP P.144

## 洛加地熱游泳池 (Laugardalslaug)

雷克雅維克最受歡迎的公共游泳池，內有標準池與各種不同溫度的溫泉池。(更多介紹請見本篇雷克雅維克)

▲洛加地熱游泳池的露天溫泉背後群山環繞前方草原綠茵

## 米湖溫泉 (Mývatn Nature Baths)

米湖溫泉地處於高處，泡溫泉之餘還可欣賞遠處廣闊景色。(更多介紹請見本篇北部地區)

▲米湖溫泉地處高點，泡溫泉時可眺望夕陽或享受周邊景色的荒蕪感

# 極境探險

參加當地旅行團，方便又好玩。

造訪冰島，除了得天獨厚的極光與自然景觀視覺上的享受，還有許多搭配冰島火山與冰河的活動讓您更深入冰島，也在旅途中增加更多趣味性。

## 冰原歷險

想像自己腳踩冰爪，一步一步踏在沉寂的千年冰河上，感受大自然的物換星移。數百公尺厚的冰河下覆蓋的是潛伏的火山，看似穩重無害的冰河有著強大的破壞力，深刻地切割出峽灣與深谷。冰島旅遊公司提供許多冰原上的體驗活動，帶領遊客更近距離欣賞神祕的冰河。

▲旅遊公司提供不同程度的雪地健行、攀冰及冰上摩托車等活動

## 冰洞探險

瓦特納冰原(Vatnajökull)下的冰洞透出冷冽神祕的藍，吸引了許多攝影愛好者。此行程為安全考量僅冬天約10～3月出團。大部分的旅行團皆由瓦特那冰原遊客中心出發，報名旅行團時需將交通時間估算進去。行程費用一趟19,900 ISK起。

▲每一條橫向黑條紋都是夏天冰河遭泥沙覆蓋，冬天又被積雪掩埋的痕跡

▲朗格冰原表面看似平坦，但下方深藏了580公尺厚的冰層

## 冰原隧道漫步

搭乘巨大卡上朗格冰原(Langjökull)冰蓋，人造隧道與冰洞隱藏於厚實的冰蓋下，感受北國的冷冽氛圍。愛侶們可以申請在此地證婚喔！行程費用一趟29,900 ISK起。

## 冰原摩托車騎乘

冰島沒有麋鹿拉車，但冰原摩托車讓你享受耳邊冷風呼嘯而過的極速滑行，在一望無際的雪白冰河上享受低摩擦力的快速馳騁。行程費用一趟21,990ISK起。

## 冰河健行

大力推薦冰河健行，時間充足建議參加4小時以上的行程較能進入冰河深處，站在冰原中央親身感受冰河的巨大與自身的渺小，時間不足亦有3小時的入門體驗行程。行程費用一趟9,900 ISK起。

## 冰河湖遊船搭乘

冰河前段的冰溶化後，分離成晶瑩剔透的大塊碎冰，漂浮在冰河湖與出海口。亦可搭船遊冰河湖還有機會看到湖裡的可愛海豹。冰河湖的遊船行程於每年5～10月左右進行，視湖面結冰狀況而定。遊船分成水陸兩棲船及橡皮艇，水陸兩棲船較平穩，價格較低；橡皮艇價位較高但可離冰堡更近。行程費用水陸兩棲船一趟 5,800 ISK；橡皮艇一趟9,700 ISK。

▲站在冰河湖旁可見一片白、藍及灰3種顏色構成簡單又壯觀的景色，浮在海上、湖上的冰在風與海浪的推擠下互相撞擊發出清脆的聲音

### 冰原歷險旅行團資訊這裡查

冰原歷險行程皆需專業人員陪同，可參考專業旅行團網站比較行程。所有冰原歷險的活動，都可以在冰原歷險提供的兩個旅行團報名；每個活動也有個別承包的旅行團，請見以下網址。

**冰原歷險**

Extreme Iceland http www.extremeiceland.is/en
Guide to Iceland http guidetoiceland.is

**冰河健行**

Mountaineers of Iceland http mountaineers.is (點TOURS)
Mountain Guides http www.mountainguides.is

**冰洞**

Arctic Adventures http adventures.is

**冰河隧道**

Into the Glacier
http intotheglacier.is/tour/intoiceandlava

**冰原摩托車**

Snowmobile http snowmobile.is

**冰河湖遊船**

Glacier Lagoon http icelagoon.is

# 登山健行

冰島在許多著名景點周邊設有健行步道，夏天時大多路況極佳。登山活動更是冰島夏天的熱門項目，高地的登山步道與木屋約於6月中旬雪融之後始開放遊客進入(確切日期視天氣而定)，所需裝備則依步道難度與距離而定。

▲藍湖附近的Seltún地熱區有仍冒著泡的火山泥，地面灰、紅、黃各種顏色的砂土覆蓋著地表，步行於硫磺霧中彷彿置身月球

## 輕鬆路線

### 艾西亞山(Mt. Esja)

可由首都搭公車到達，路線陡峭。天晴時可從制高點遠眺首都與附近火山。(更多介紹請見本篇首都近郊小旅行)

▲雷克雅維克附近的艾西亞山本身表面光禿沿途無風景可言，但一回頭便可見絕佳景色

## 瓦特納冰原(Vatnajökull)

在瓦特納冰原除著名的冰河健行外，遊客中心附近也有數條步道可從遠處欣賞冰河與出海口。(更多介紹請見本篇東部地區)

## 米湖(Mývatn)

米湖沿岸及其周邊地熱區有許多湖景或賞鳥步道，也可繞行火山口及火口湖散步。(更多介紹請見本篇北部地區)

# 挑戰級路線

## 洛加步道(Laugavegurinn)

冰島最受歡迎的步道，由藍瑪納洛加(Landmannalaugar)至索爾森林(Þórsmörk)，全長55公里，約4～5天行程。沿途地貌原始、風景絕佳，由彩色高地走入黑色沙漠地區再進入森林，每日所見風情不同。(更多介紹請見本篇西北地區與中央高地)

▶洛加步道前半段上下坡度變化大，於高點可見到群山堆疊或無限延伸的火山岩

## 五堆石頭步道(Fimmvörðuháls)

接續洛加步道的路程由索爾森林到森林瀑布(Skógar)全長16公里，沿途可見多個瀑布、河流、峽谷及2010年造成歐洲航班大亂的火山艾雅法拉冰河(Eyjafjallajökull)。(更多介紹請見本篇西北地區與中央高地)

### 貼心 小提醒

**登山注意事項**

1. 即便是夏天，高地仍有機會下雪，需注意睡袋及衣著的防寒度。
2. 跟團雖然方便但所費不貲，如果準備萬全可自行前往。
3. 到冰島後可至書局選購詳細地圖。
4. 緊急救難專線：112。

### 登山健行資訊這裡查

於冰島登山健行視個人經驗可選擇自助或跟隨旅行團，出發前可利用下列事先備妥所有物品及規畫行程。

**旅行團導覽資訊**

http www.mountainguides.is
(點multi-day-tours→trekking-tours)

http www.extremeiceland.is/en

**登山口與重要營地來回交通**

http www.re.is(點ICELAND ON YOUR OWN)

**登山用品出租**

http www.iceland-camping-equipment.com

**登山木屋預約與步道資訊**

http www.fi.is/en

冰島主題之旅4

# 拜訪極光

一輩子一定要看一次的幸福極光。

極光有多種顏色，最常出現的是綠色。(圖片提供／Tank Huang)

北半球最適合看極光的季節為9月中～隔年的3月中。只要天氣與各方面條件恰當，整個冰島都有機會看到極光。冰島是觀賞極光最棒的地方，在全島上隨處都有機會看到，不像其他極光聖地需拉車前往，還要事先訂購昂貴住宿。在雷克雅維克參加旅行團即可輕鬆看到極光，幸福一輩子！

豆知識

## 極光怎麼來？

太陽風夾帶的大量帶電粒子與大氣層中的氮原子或氧原子強烈碰撞後，原子吸收了能量、被激發躍升到激發態後，再以發出極光的形式釋放能量回到基態。帶電粒子受到地磁的吸引，多出現在磁北極與磁南極，故在極圈附近較容易看見極光現象。

(圖片提供／Blue Lagoon)

# 實用觀測網站

觀賞極光前可根據下列網站提供資訊決定前往地點及時間。

## Icelandic Met office

冰島氣象局官方網站，可預報一週內的各地雲層分布與KP指數，針對冰島觀賞極光極有用。

http en.vedur.is(點weather→Aurora forecast )

1.極光活耀度
2.雲層分布，顏色越深雲層越厚
3.時間軸，往右拉可看到極光活耀度與雲層預測

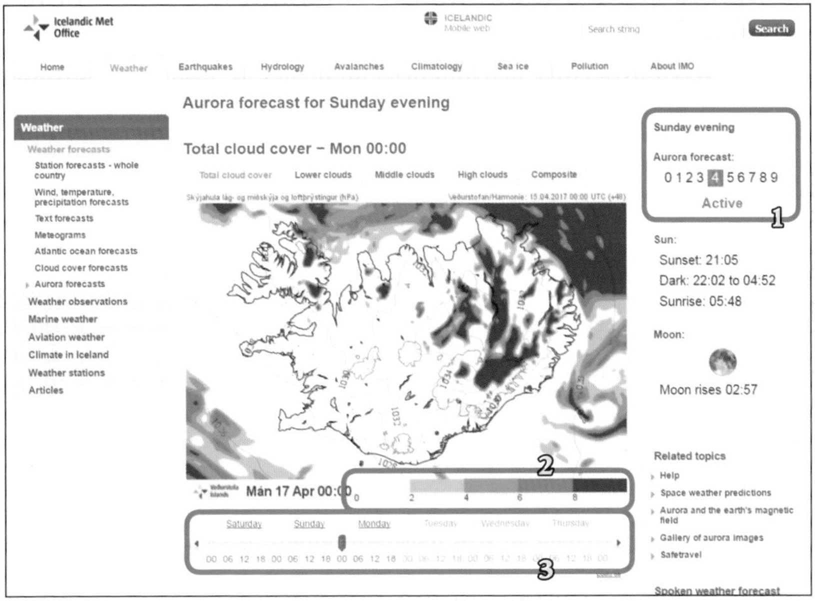


由觀察極光活耀度與雲層分布可預測是否有機會見到極光

## Aurora Alerts

極光警示與即時監測網站，可精準預測1小時內KP值變化，可加入該網站臉書粉絲團，粉絲團於KP值衝高12小時前發布通知，可根據通知做好出門準備，適用於北美地區。

http cdn.softservenews.com

fb www.facebook.com/AuroraAlerts

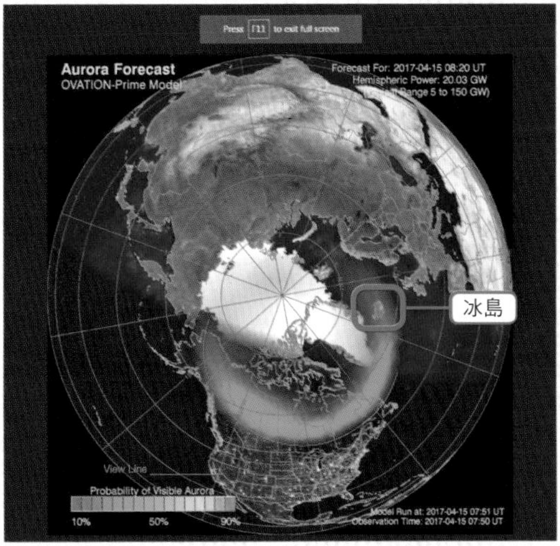


綠色區塊代表極光正在發生的地區

## 手機App

Android和Apple皆有多款免費極光監測應用軟體，Aurora Forecast、Northern Lights Forecast & Aurora Borealis Alerts(ios適用)等皆適用於北美地區。到冰島時可每天觀測極光指數決定是否外出觀賞極光。

▲Aurora Forecast

▲Nor thern Lights Forecast & Aurora Borealis Alerts

豆知識

### 極光長什麼樣子？

極光有時看起來像飄動的窗簾、彩帶或河流，有時像綠色雲霧，有時又像漸層的流蘇。目測極光大多為綠色，有時出現紅色極光。偶爾也會出現近白色或紫色的極光。極光較弱時其淡淡的顏色在天空若隱若現，很難判斷究竟是雲還是極光，但若再仔細盯著他的變化便可發現其顏色會有強弱變化、位置上也會稍微飄動。也可以用相機曝光來確認。

▲像綠色雲霧的極光

## 追尋極光App解析

以下以Northern Lights Forecast & Aurora Borealis Alerts為例。

### Step 1 進入首頁，點選Long fcst

首頁進去後，即是短期預測頁面(Short fcst)，適合觀賞及光當天即時監控數據。點選Long fcst，可以看到長期預測。

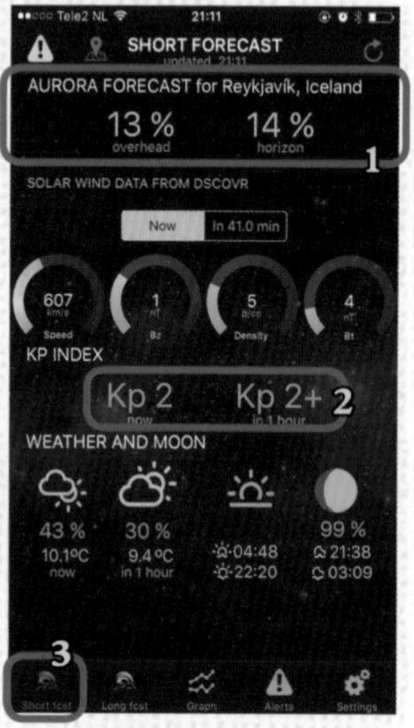


1.極光出現機率
2.KP值(活耀度)
3.點選Long fcst

### Step 2 評估極光可見性

長期預測頁面(Long fcst)提供評估未來數天見到極光的可能性，KP指數指數於2以上才有機會見到極光，可搭配天氣預報評估。

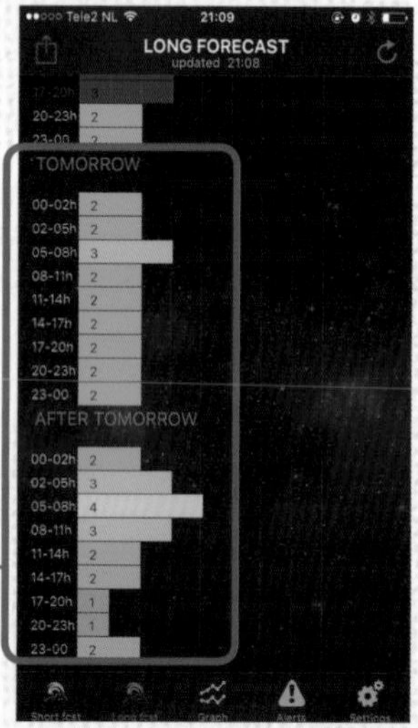


明日與後天的KP值預測

# 賞極光事前準備

## 服裝準備

北歐人有云，強烈極光出現的日子總是特別冷。圍巾、毛帽、手套缺一不可。北歐冬季戶外的夜晚腳底最容易冷，雙層毛襪、保暖衣物備足了才能在外面撐得久。喜愛攝影者可準備柔軟皮手套以利操作相機。亦可準備保溫瓶與溫熱飲料保持身體溫暖。

## 相機準備

手機的感光元件與設定難以拍攝極光，成功率較相機低很多。且天冷的時候手機容易進入保護模式或損壞電池。

■**相機：**有手動模式相機較容易操作，廣角與大光圈鏡頭較佳。

■**腳架：**簡易腳架也沒關係，但拍出高品質照片腳架不可或缺。

■**快門線：**在寒冷的外頭，手指很快就會冷到無法靈活運用，快門線可方便操作也增加相機穩定性。

■**電池：**寒冷地區電池活性低，容易耗盡。建議多攜帶備用電池。

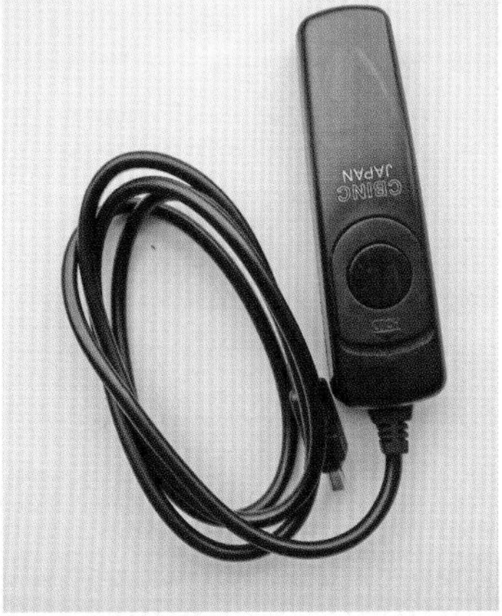


▲快門線拍攝極光相當實用

### 行家密技　賞極光小技巧

■**參加當地旅行團好處多**

1. 效率高：在雷克雅維克市區即可報名參加旅行團。來回郊區僅需要3～4小時。
2. 機率提升：旅遊公司使用雷達監測雲層分布，直接帶你找到一片無雲的天空。
3. 價格實惠：行程費用最低6,400 ISK(約1,600臺幣)起，如果沒有看到極光，留著報名單據可以免費繼續參加到看到為止。

■**極光出現條件**

觀賞時需滿足多項條件才能以肉眼觀看到天邊一抹綠光。

1. KP指數由0～9，在冰島，指數於2以上才有機會見到極光。
2. 光害越小越好，在光害小的地方即便極光指數低，也可輕易看見極光。

■**拍攝小技巧**

1. 拍攝時適當將地面景觀或物品一起帶入，畫面較不單調。
2. 開啟最大光圈。
3. 微弱或靜態的極光：低ISO＋長快門(EX:ISO 400＋30秒)；較強或流動的極光：高ISO＋短快門(EX:ISO 1600＋10秒)。以上參數僅為參考，實際情形視相機與現場狀況而定。
4. 極光微弱時可先短曝光測定極光方向，以及分布範圍再行調整參數與長曝光。
5. 出國可先試著拍攝夜景以熟悉相機的功能與參數設計，避免臨場手忙腳亂。

# 雷克雅維克 Reykjavik

## 小巧可愛的首都，造訪冰島必訪的城市！

雷克雅維克是冰島的首都，原意為冒煙的港口。早期的冰島眾人分散居住，並沒有特別指定首都，直到1972年雷克雅維克被指定為官方貿易港口，進而開始聚集更多人潮與商業往來直到今日的規模。現今的雷克雅維克沒有著名的美術館或華麗建築，是個小巧可愛充滿各種顏色、融合了法式與北歐風格，而且充滿居家溫馨感又帶點雅痞的舒適城市。雷克雅維克的政府機關多小巧、外貌低調，著實符合冰島人的小國小民風格。

# 首都大地圖

格蘭第社區
Grandi
Fiskislóð
The Coocoo's Nest&Valdís
舊港口
Reykjavíkur Höfn
Ánanaust
41
哈帕音樂廳
Harpa
Vesturbæjarlaug
舊城區
Miðbærinn
Lækjartorg
太陽航海者/鯨魚骨
Sólfarið
49
市政廳
Ráðhúsið
Lækjargata
Hverfisgata
Laugavegur
市中心
Down Town
Frakkastígur
Sæbraut
Borgartún
赫夫第
Höfði
Hofsvallagata
國家圖書館
托寧湖
Tjörnin
Neshagi
Hringbraut
荷雷姆美食廣場
Hlemmur Mathöll
哈克格林姆教堂
Hallgrímskirkja
Student Bar
國家博物館
Þjóðminjasafn
Landspítali
Njarðargata
Eiríksgata
Snorrabraut
Nóatún
Laugavegur
Háteigskirkja
Kjarvalsstaðir美術館
Klambratún
冰島大學
Háskóli Íslands
Ægisíða
Gamla Hringbraut
BSÍ轉運站
Hringbraut
Suðurgata
Miklabraut
Airport Direct轉運站
Nauthólsvegur
大學電影院
Háskólabíó
國內機場登機處
Bústaðavegur
珍珠樓
Perlan
Nauthólsvegur
雷克雅維克大學
Háskólinn í Reykjavík
Fossvogskirkjugarður
公牛丘沙灘
Nauthólsvík
Laugarnes
Klettagarðar
Viðey渡輪港口
Gray Line轉運站
KFC
Dalbraut
Sundlaugavegur
洛加地熱游泳池
Laugardalslaug
Laugarásvegur
Sæbraut
Bónus/
hagkaup超市
Grand Hótel
Grey Line
雷克雅維克植物園
Holtavegur
Suðurlandsbraut
Hilton
Fjölskyldu動物園
Háaleitisbraut
Álfheimar
Skeiðarvogur
格陵蘭購物中心
Skeifan
66°N outlet & Icewear outlet
Miklabraut
Háaleitisbraut
Grensásvegur
Bústaðavegur
40
41
49

# 首都市中心地圖

哈帕音樂廳
Harpa
雷克雅維克美術館
Listasafn Reykjavíkur
Reykjavík Art Museum
舊港口
Reykjavíkurhöfn
Ægisgata
Hamborgarabúlla
Tómasar
Seabaron
Sægreifinn
Geirsgata
Geirsgata
Íslenski barinn
Skúlagata
The Grey Cat
Apotek Restaurant
Sölvhólsgata
熱狗攤
Bæjarins
Beztu Pylsur
Ingólfsstræti
Lindargata
Kíkí Queer Bar
Lækjargata
Arnarhóll
Ostabúðin
Hafnartorg
二手市集
Kolaportið
Fish Company
Tryggvagata
國家劇院
總理辦公室
Stjórnarráð
Bar 11
Klapparstígur
Vesturgata
IÐA Zimsen
Hornið
Grey
Line
停車場
Sæta Svínið Gastropub
Micro Bar
Aurum
Dill
Ránargata
Stofan Café
Hafnarstræti
Austurstræti
Loft Hostel
Lyfja藥局
Gló
Fischersund
Austur Club
Lækjartorg
Bankastræti
Núðluskálin
Austurstræti
Bárugata
Mjóstræti
Vínbúðin
Café Paris
Mokka Kaffi
10-11
Ingólfstorg
Vallarstræti
冰島針織協會
Kaldi Bar
Grillmarkaðurinn
Austurvöllur
Amtmannsstígur
12 Tónar
Öldugata
Fiskmarkaðurinn
Ingólfsstræti
Bónus
Kirkjustræti
Dómkirkjan
Hallveigarstígur
加拿大大使館
Templarasund
Menntaskólinní
Reykjavík高中
Geysir
Túngata
議會
Alþingishúsið
Krua Thai
Lækjargata
冰島龐克博物館
The Icelandic Punk Museum
Vonarstræti
Spítalastígur
Dómkirkja
Krists konungs教堂
Te og Kaffi & Kaffitár
市政廳
Ráðhúsið
Miðstræti
Þingholtsstræti
Grundarstígur
Bergstaðastræti
Óðinsgata
Hávallagata
Bjargarstígur
Garðastræti
Fríkirkjuvegur
Fríkirkjan教堂
Suðurgata
Tjarnargata
托寧湖
Tjörnin
國家藝廊
National gallery of iceland
Laufásvegur
Baldursgata
Válastígur
Ljósvallagata
Urðarstígur
Skothúsvegur
冰島國家博物館
Þjóðminjasafn Íslands

太陽航海者/鯨魚骨
Sólfarið
Olís Klöpp
Sæbraut
Sæbraut
Sæbraut
Sæbraut
Sæbraut
Borgartún
Ásmundarsafn
Samtún
Skúlagata
Vatnsstígur
Lindargata
Lindargata
Kex Hostel
警察局
Laugavegur
Early in the morning
10-11
露營用品租用店
荷雷姆美食廣場
Hlemmur Mathöll
Hverfisgata
Hverfisgata
Vatnsstígur
P
Bíó Paradís劇院
Hlemmur Square
KRÖST
Bakarí Sandholt
Bónus
Vitastígur
Barónsstígur
陽具博物館
外交部
Laugavegur
Frakkastígur
Noodle station
Reykjavík Roasters
Dillon
Sandholt
ÍslandsApótek藥局
Old Iceland
Grettisgata
Snorrabraut
Brauð & Co.
Njálsgata
Njálsgata
Njálsgata
Restó
Hrím Hönnunarhús
Reykjavik Roasters
Bergþórugata
Karlagata
Skólavörðustígur
Vífilsgata
Lokastígur
Roadhouse
Mánagata
Þórsgata
Café Loki
Skeggjagata
Snorrabraut
哈克格林姆教堂
Hallgrímskirkja
Haðarstígur
Haðarstígur
Njarðargata
Egilsgata
Kjarvalsstaðir
Klambratún公園
Freyjugata
Eiríksgata
Leifsgata
Ásmundarsalur博物館
Sjafnargata
N
Fjölnisvegur
Bergstaðastræti

# 舊城區 Miðbærinn

冰島最早開發的區域，當地人週末休閒好去處

緊鄰海港與托寧湖的舊城區為雷克雅維克最早開發的地區。議會、市政府、郵局、法院及許多年代久遠的舊餐廳皆立於此。許多家庭週末帶著小孩來到舊城區廣場與草地散步，或到該區餐廳用餐。年輕人週末則於勞加大街與舊城區間飲酒狂歡至深夜後，於舊城區Ingólf廣場的速食外帶店Hlöllabátar買熱三明治、捲餅，或到轉角的Alibaba吃土耳其烤肉捲餅以後再回家休息。

▲舊城區是雷克雅維克最古早的聚落，而後的雷克雅維克皆由此地區向外延伸

## 議會

(Alþingishúsið／The Parliament House)

觀賞冰島獨立領袖雕像　舊城區

▲冰島議會建築本體並不大，議員的辦公室不在議會建築內而在附近

議會建築在1880年由丹麥建築師協助建成，現今更兼有圖書館的功能。國慶日活動與各種政治相關抗議皆於議會前廣場舉行。建築右方的女性雕像是Ingibjörg H. Bjarnason，冰島女權與兒童權利先鋒，首位女性議會成員。位於議會正前方的雕像是Jón Sigurðsson，領導冰島邁向獨立的領袖，其頭像列印於冰島幣500 ISK紙鈔上。冰島議會現由約7個政黨組成的63位議員執掌。

✉ Kirkjutorg, 101 Reykjavík ⏲ 不對外開放 ➡ 搭1、3、6、11、12、13、14號公車，於Lækjartorg站下車，步行3分鐘至Austurvöllur廣場後即到達 $ 免費 http www.althingi.is MAP P.130

## 二手市集(Kolaportið)

道地美食集散地　舊城區

▲二手市集內販售二手書的商攤

二手市集僅於週六、日開放，有許多二手衣物、郵票及舊書籍，亦有許多人拿自行手織的傳統毛衣出來販售。市集裡亦有販售各種冰島傳統古怪食物，舉凡馬肉、煙燻鯊魚、漬鯡魚或特殊季節才有的鳥蛋都可以在這裡找到。另有攤販販售傳統麵包、燻鮭魚、漬鮭魚及魚乾等傳統美食。許多商家無正式營業登記，僅收取現金，附近有多處銀行及提款機。

✉ Tryggvagötu 19, 101 Reykjavík ⏲ 週末11:00～17:00 ➡ 搭1、3、6、11、12、13、14號公車，於Lækjartorg站下車後步行至Pósthússtræti街可見到著名的熱狗攤Bæjarins Beztu Pylsur，再走向對街便可找到Kolaportið，步行時間約7分鐘 http kolaportid.is MAP P.130

## 首都新商圈

(Hafnartorg/Harbour Square)

為舊城圈帶來嶄新氣息　舊城區

由於大型百貨公司離市區有一小段距離，冰島為了持續刺激經濟，將位於總理辦公室對面的市區精華地段，Hafnartorg的停車場及附近空地、建築等一同規畫為一個較大型的複合式新商圈。預計完成後會有許多商店、餐廳進駐，部分空間亦可供應公司行號作為辦公室，或用作出租公寓。

▲新商圈整體摩登新穎，與舊城區的氛圍完全不同

✉ Hafnartorg, 101 Reykjavík ☎ +354 534 8400 ⏲ 週一～六10:00～19:00，週日13:00～18:00 ➡ 搭乘1、3、6、11、12、13、14號公車至Lćkjartorg站下車後往回走100公尺便可到達 http hafnartorg.is MAP P.130

## 托寧湖(Tjörnin)

隨季節變化的美麗湖景　舊城區

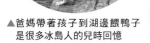

托寧湖冬天結冰時可步行到中央小島上，附近的學生也會在冰上踢足球；湖邊的一排房子則是雷克雅維克最早先建立的房子之一。托寧湖周邊是相當好的散步地點，許多家庭會拎著麵包帶著小小孩到湖邊餵鴨子，夏天與冬天各有不同的風情。

▲爸媽帶著孩子到湖邊餵鴨子是很多冰島人的兒時回憶

✉ 市政廳旁 ◷ 全年 ➡ 搭1、3、6、11、12、13、14號公車，於市政府(Ráðhúsið)站下車，步行2分鐘後即到達 $ 免費 http www.visitreykjavik.is/tjornin-pond MAP P.130

▲夏天的托寧湖畔春意盎然

## 市政廳(Ráðhúsið／City Hall)

展覽與文化主題聚會場所　舊城區

傍著托寧湖的市政府是相對新的建築，建立於1992年。市政廳具現代感卻低調的外貌巧妙地融入托寧湖景色。市政廳裡不時舉辦展覽或文化主題聚會，一樓有遊客中心可購得雷克雅維克城市卡，亦提供免費無線網路。

✉ Tjarnargata 11, 101 Reykjavík ☎ +354 411 1111 ◷ 週一～五08:00～20:00 ➡ 搭1、3、6、11、12、13、14號公車，於市政府(Ráðhúsið)站下車，步行1分鐘後即到達 $ 免費 http reykjavik.is MAP P.130

▲市政廳一旁就是托寧湖

△冬天有時托寧湖會結冰，可在上面溜冰

# 市中心 Down Town

道地北歐風格，冰島精華地段

雷克雅維克市中心小巧可愛，哈克格林姆教堂前的跟周邊的街道、商家眾多的勞加大街以及餐廳酒吧林立的舊城區等是全冰島最熱鬧的地區。鬧區內的小巷子裡亦有不少小店販售獨特商品，以及溫馨有特色的咖啡店，在首都步行走走停停，再坐下來喝咖啡便是最棒的遊覽方式，穿梭在鬧區街道裡，隨時轉身便是對岸的山與海，處處有驚喜。

## 哈克格林姆教堂(Hallgrímskirkja)

冰島最大的教堂 市中心

得名於詩人哈克格林姆(Hallgrímur)。位於雷克雅維克中心至高處的哈克格林姆教堂屬路得派，高73公尺，是冰島最大的教堂，外形貌似玄武岩，由1937年開始建造，1986年始完成，內部管風琴有5,275根音管。教堂外的雕像由美國贈予，雕像人物為萊夫艾瑞克森(Leif Eriksson)，出生於挪威，於冰島、長大，是紀錄上第一個駛船到達北美的歐洲人。搭乘電梯到頂樓觀看首都全景景致相當美麗，門票可由入口處附近紀念品販賣處購買。

▲哈克格林姆教堂外形模仿玄武岩造型

✉ Hallgrímstorg 101, 101 Reykjavík ☎ +354 510 1000 🕒 夏天(6～9月)09:00～21:00(高塔20:30關閉)；冬天(10～5月)09:00～17:00(高塔16:30關閉) ➡ 搭1、3、6、11、12、13、14號公車，於Lækjartorg站下車，走向對街由Laugavegur再右轉進入Hallgrímstorg山坡頂端，全程步行約10分鐘後到達 $ 參觀教堂免費；觀景塔1,000 ISK http www.hallgrimskirkja.is MAP P.130

## 赫夫第(Höfði)

具有歷史意義的建築 市中心

▲於網站中可以看到關於赫夫第的詳細介紹

聳立在繁忙馬路中間的建築物，建築於1909年，初建時為法國領事館，之後成為詩人及富商的居所後，又成為英國大使館，最後1958年輾轉由市政府買下。1986年美蘇仍處於冷戰時期，美國總統雷根與蘇聯領袖戈巴威夫，於美國與蘇聯中間的冰島會晤被視為冷戰時期結束的關鍵會議，就是在此舉行。

✉ Fjörutún, 105 Reykjavík 🕒 不對外開放 ➡ 可搭4號或12號公車至Hótel Cabin站再沿海岸線步行，步行3分鐘後即到達 $ 免費 http visitreykjavik.is/hofdi-house MAP P.129

## 總理辦公室
## (Stjórnarráð/Prime Minister's Office)

冰島的一級首府 市中心

▲左右兩旁的雕像守護著總理辦公室

位於交通樞紐的冰島總理辦公室，建築物本身相當低調樸實，門口也無守衛警衛看守。面對總理府時左手邊的的雕像是丹麥國王克里斯汀九世(Christian IX)，該國王給予冰島屬於自己的憲章。右手邊則是冰島史上第一個總理Jón Magnússon。冰島總理由國會議員共同推舉出，4年一任。

✉ Stjornarradshusinu vid Laekjartorg - 101 Reykjavik 🕒 不對外開放 ➡ 搭1、3、6、11、12、13、14號公車，於Lækjartorg站下車，步行至對街約1分鐘後即到達 $ 免費 http www.stjornar-radid.is MAP P.130

# 荷雷姆美食廣場
(Hlemmur Mathöll/Hlemmur food court)

總類多元的冰島特色美食 市中心

▲荷雷姆美食廣場用餐環境輕鬆，平均價格較一般餐廳友善，但餐點內容也不馬虎

荷雷姆美食廣場曾經是雷克雅維克的公車轉運站，經過2年的籌備，於2017年夏天改裝成實驗性質的美食廣場，一開幕便大受歡迎。內有約10個販售食物及生鮮食材的攤商，Brauð & co推出有機酸種麵包、Taqueria la Poblana販售墨西哥捲餅、SKÁL!提供相當多種類的紅白酒及威士忌，亦有價格相對餐廳友善的排餐、ÍSLEIFUR HEPPNI有新鮮冰淇淋、Rabbar Barinn販售新鮮當地蔬果及每日湯品……還有許多驚喜值得探訪。

✉ Laugavegur 107, 101 Reykjavík 🕒 08:00～23:00 ➡ 搭1、2、3、4、6、11、12、13、14、17、18號公車，於Hlemmur站下車 http www.hlemmurmatholl.is MAP P.130

▲Rabbar Barinn的湯品相當美味但味道偏重，可到Brauð&co買麵包搭配

▲哈帕音樂廳內部極具線條感及現代藝術性

# 哈帕音樂廳(Harpa)

外觀特殊具有藝術性的音樂廳 市中心

▲面山傍海的哈帕音樂廳外部結構為模仿玄武岩的六角形玻璃拼湊而成

哈帕在建造時正巧碰上2008年經濟危機，而後在許多贊成與反對聲浪下在景氣風雨飄搖的數年中總算於2011年完成。白天的哈帕音樂廳低調穩重，夜晚則打上不同燈光，有時甚至國際配合時事主題有不同的燈光秀，如法國遭受恐怖攻擊時音樂廳便將外牆燈光打為法國國旗。

✉ Austurbakki 2, 101 Reykjavík ☎ +354 528 5050 🕒 **購票窗口：**平日09:00～18:00；週末10:00～18:00；**Harpa建築本體：**08:00～00:00 ➡ 搭1、3、6、11、12、13、14號公車，於Lækjartorg站下車，步行5分鐘後即達 $ 可免費進入建築本體，觀賞表演需另外購票，票價視表演不定 http en.harpa.is MAP P.130

◀第一批維京人抵達冰島的地點，有一座「維京骨架船」，也在哈帕音樂廳附近

## 珍珠樓與公牛丘沙灘
(Perlan & Nauthólsvík Beach)

### 夏天放鬆身心的熱門景點 詳見P.140

珍珠樓與公牛丘沙灘皆在雷克雅維克大學附近。珍珠樓以前為供應雷克雅維克地區熱水的儲存槽，1991年退役之後規畫加上穹頂，餐廳與咖啡店進駐成為新地標，並不時舉辦展覽。公牛丘沙灘則是人造白沙灘，夏天天晴時滿是人潮。

Öskjuhlíð, 105 Reykjavík(珍珠樓) +354 566 9000 09:00～19:00 搭18號公車，於Perlan站下車，步行5分鐘後即到達 免費 www.perlanmuseum.is/en MAP P.129

◀夏天的公牛丘沙灘即便海水還是冰涼的，但仍擠滿了不少人前去曬太陽

▲由珍珠樓看臺上遠眺市區景色

## 勞加大街(Laugavegur)

### 冰島最熱門購物地段

Lauga意為池子，此街一路通往洛加地熱游泳池，早年時人們由這條街走往現今的泳池洗衣、沐浴因而得名。勞加大街與通往哈克格林姆教堂的Skólavörðustígur路，是繼舊城區之後發展為現今最熱門的購物地段。

▲勞加大街上的商店林立，是雷克雅維克最熱門的購物地段

Laugavegur, 101 Reykjavík 全年 Laugavegur, 101 Reykjavík MAP P.130

## 洛加地熱游泳池(Laugardalslaug)

### 設施最完備的公共泳池

▲洛加地熱游泳池入口處

洛加地熱游泳池是現今冰島設施最完全的公設游泳池。內有多個不同溫度的溫泉池及標準池。洛加地熱游泳池相當受到當地人的喜愛，無論晴天、雨天都可以看到許多大人泡在池子裡聊天、小孩四處嬉鬧。冰島人會在游泳完之後到泳池旁的熱狗攤補充熱量。

▲游泳池內有數個不同溫度的小池子

Sundlaugavegur 30, 105 Reykjavík +354 411 5100 週一～四06:30～22:00；週末08:00～22:00，國定假日略有調整 可搭乘14號公車，在Laugardalslaug站下車步行2分鐘即到達 950 ISK reykjavik.is/stadir/laugardalslaug MAP P.129

**豆知識**

### 游泳池社交文化

冰島的游泳池文化相當特殊，公設游泳池會要求所有人必須裸體在開放澡堂沖澡後才能下水，孩子們在學生時期的游泳課便已經跟同性同學們裸裎相見，對當地人來說在淋浴間公開裸身是相當理所當然的事情。許多冰島人到泳池並不游泳，而是悠哉地坐在露天溫泉裡頭與親朋好友們閒話家常。

## 舊港口(Reykjavíkurhöfn/Old Harbor)

### 冰島美味餐廳聚集地

舊時貿易、漁船熱絡往來的港口，現今多供觀光與私人船隻停靠，首都地區的賞鯨行程或賞帕芬鳥行程多由此地出發。周邊的倉庫全改建為餐廳與商店。此處有不少好餐廳kopar、Burger Joint、Sea Baron及Tapas Húsið皆是好選擇。

✉ Geirsgata, 101 Reykjavík ⏲ 全年 ➡ 搭1、3、6、11、12、13、14號公車，於Lækjartorg站下車，步行10分鐘後即到達 $ 免費 MAP P.129

▲舊港口早期用來交易與儲存貨物的小屋今已改為餐廳及禮品店

▲停靠於舊港口的船隻多半為賞鯨或賞鳥的遊船，亦有海岸巡邏隊的船艦停靠

## 格蘭第社區(Grandi)

### 飲食購物一網打盡的小區

▲格蘭第社區成排的倉庫現改建為各種商店

由哈帕音樂廳順著沿岸往西邊走，便可到達格蘭第社區。格蘭第社區是近年新興的地區，早期此處為漁業的聚集處、漁船、魚類加工等皆於此處進行，冰島最大魚油品牌Lysi便於此處加工，走進該區後空氣中可聞到隱隱的魚腥味。

現今的格蘭第社區有許多連鎖超市進駐，例如Bonus及Kronan等，也有越來越多較精緻、專精的店家慢慢進駐原本的倉庫中。格蘭第社區的餐廳也非常多元，Búrið販售高檔起司及燻肉、Valdís有堪稱首都最棒的冰淇淋、The coocoo's nest是很受當地人喜愛的早午餐店，以及Bryggjan Brugghús的自釀啤酒也值得品嘗。該區還有海事博物館、鯨魚博物館、極光博物館，以及不少北風意象的飾品店，可由飾品風格看見北歐文化與大自然對他們的深厚影響。

▲Bryggjan Brugghús週末相當熱門，若欲前往用餐建議事先預約

✉ Grandi. 101 Reykjavík ⏲ 無時間限制 ➡ 搭14號公車，於Grandagarður站下車即到達 MAP P.129

# 雷克雅維克地區博物館與展覽

善用城市卡，漫遊精采文藝之旅

在天氣不好的狀況下，博物館絕對是最好的去處！冰島的博物館、美術館可能不若其他文化歷史悠久的國家那般令人驚豔，但透過館藏歷史文物，我們得以窺見冰島人早期的生活方式及他們的生活哲學。雷克雅維克城市卡涵蓋許多博物館入門票，且含市區內交通，可多加善用。

## 冰島國家博物館(Þjóðminjasafn Íslands/National Museum of Iceland)

極早期冰島生活一探究竟

坐落在冰島大學旁的國家博物館，館內收藏了許多冰島最早期移民至當代的各種文物。最有趣的是極早期的文物，如農民們戰鬥用的劍、盾、茅等顯示維京人血液仍在冰島人中留存。還有早先島民們使用的生活器具。還有中世紀時以薩迦文學發展出的各類文物。

約1200年左右的教堂門板，融入了北歐色彩的羅馬式設計，下方的獵鷹與龍是北歐文化中重要的生物

▲冰島人早期生活器具與飾品多為石器與木頭

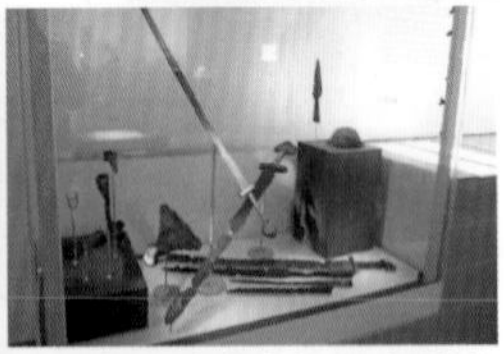

▲早期的冰島人仍保有維京人為榮譽而戰鬥的精神。傳說只有為戰鬥而死的勇士能上天堂

✉ Suðurgata 41, 101 Reykjavík ⏲ 週二～日10:00～17:00；週一休館 ➡ 搭乘市區公車 1、3、6、14號至Háskóli Íslands站便可到達 $ 2,000 ISK http www.thjodminjasafn.is/english MAP P.130

## 雷克雅維克美術館(Reykjavik Art Museum)

冰島近代藝術盛宴

美術館共分成3個館，Hafnarhús、Kjarvalsstaðir、Ásmundarsafn，分處於雷克雅維克3處，並展出不同主題的藝術品。

$ 1,800 ISK(可於24小時內參觀3館)

### Hafnarhús

Hafnarhús內的展覽不定期更換，館內展出許多冰島當地藝術家新穎的實驗性作品，各類藝術以許多不同的形式及姿態呈現。即便是不諳藝術音樂的人也經常因為他們的巧思產生共鳴。

✉ Tryggvagata 17, 101 Reykjavík ⏲ 週一～三、週五～日10:00～17:00；週四10:00～22:00 ➡ 搭乘市區公車 1、3、6、11、12、13、14號至Lćkjartorg站，再沿Tryggvagata行走400公尺便可到達 http artmuseum.is/hafnarhus MAP P.130

▼▶ 一群年輕藝術家以行動藝術表現犬儒主義

▲館內展出許多新銳冰島藝術家的實驗性作品

### ■Kjarvalsstaðir

Kjarvalsstaðir內展出冰島數位近代著名畫家的作品，包括最具影響力的Jóhannes S. Kjarval，其畫以表現主義的手法巧妙地將冰島的風景、傳說故事融入畫中。有附設咖啡店，位在大片落地窗前，天氣不佳時可於此停留賞雨。

☒Flókagata 24, 105 Reykjavík ◷ 每日10:00～17:00 ➡ 搭乘任意市內公車至Hlemmur站後沿Rauðarárstígur步行500公尺，再左轉進入Flókagata 20公尺便可抵達 http artmuseum.is/kjarvalsstadir MAP P.131

▲Kjarval最著名的作品之一，滄桑而柔和的畫裡有著山、船、海、住在石頭中的人，以及山中精靈等多種冰島元素

▲Kjarvalsstaðir館內空間高挑明亮，下雨或下雪時於此喝咖啡乃一大享受

▲於冰島旅遊一圈再到此館欣賞Kjarval的作品，將更能體會其畫中的冰島意象

### ■Ásmundarsafn

本館為雕刻家Ásmundur Sveinsson生前的住所及工作室，該建築以埃及金字塔及清真寺為靈感所建造，現則為Ásmundur作品展示博物館。他的作品中呈現了他對迦薩、民間傳說及母子之情的想法。

☒ Sigtún 105, Reykjavík ◷ 每日13:00～17:00 ➡ 搭乘任意市內公車至Hlemmur後沿Rauðarárstígur行走500公尺，再左轉進入Flókagata 20公尺便可抵達 http artmuseum.is/asmundarsafn MAP P.131

## 陽具博物館

(Phallological Museum/Hið Íslenzka Reðasafn)

**難得一見的特殊主題**

驚世駭俗的陽具博物館展示了各種生物的陽具。館內收藏各類小至老鼠、大至抹香鯨170cm長的陰莖標本，是一間令人臉紅心跳的博物館。

☒ Laugavegur 116, 105 Reykjavík ◷ 週一～日10:00～18:00 ➡ 搭乘市區公車 1、3、6、14號至Háskóli Íslands站便可到達 $ 1,000 ISK http thepunkmuseum.is MAP P.131

# 冰島龐克博物館
## (The Icelandic Punk Museum)

### 追蹤神祕的冰島龐克樂史

▲龐克博物館在市中心一間極不起眼的地下室，前身是公共廁所

位於冰島總理辦公室旁的神祕地下室，冰島龐克音樂博物館的前身是公共廁所。內部以影音、服飾及影像等方式展示了冰島早期到近代的龐克音樂演化過程。冰島龐克音樂啟發了許多當代有名的冰島音樂人。老闆本人也是個極酷的老龐克。

▲館內陳置各類影音及早期海報，還有冰島名歌手碧玉的影像

✉ Bankastrćti 2, 101 Reykjavík ⏲ 週一～六10:00～22:00；週日休館 ➡ 搭乘市區公車1、3、6、14號至Háskóli Íslands站便可到達 $ 1,000 ISK http thepunkmuseum.is MAP P.130

## 行家密技 於首都造訪冰島的縮影——珍珠樓

目前正於珍珠樓定點展出的冰島奇景，展場內包含Planetarium Show(穹頂式投影秀)、Wonders of Iceland (冰島奇景)。穹頂式投影秀採8K投影技術，以極廣的幅度展示極光各種美麗的面貌，例如展現不同顏色的極光、由太空俯看地球大氣層上的極光，以及冰島各地美景前的極光，搭配音樂非常享受。冰島奇景則用了許多精美的影片、標本及模型，展示冰島的火山、地熱等奇特自然景觀，並介紹冰島的地質形成和近代歷史，都非常有趣。最後還可走入長100公尺、由350公噸的雪所製成如夢似幻的冰洞。對於在冰島的停留時間若不長，或是沒有機會見到極光者，非常推薦珍珠樓，透過這些展覽一窺冰島的冰與火奇景、以及不用挨凍受寒便可看到的極光。

▲約15分鐘的穹頂式投影秀提供極佳的立體感視覺饗宴

▲除地質及景觀奇景外，也有許多海洋及鳥類生態的展示

✉ Varmahlíð 1, 105 Reykjavík ⏲ 每日09:00～22:00 ☎ +354 566 9000 ➡ 市區哈帕音樂廳前有免費巴士接送至珍珠樓 $ Planetarium Sho: 1,900 ISK；Wonders of Iceland: 3,900 ISK；兩者一起4,500 ISK。5歲以下孩童免費，2名大人可免費攜帶2名6～17歲孩童 http perlan.is MAP P.129

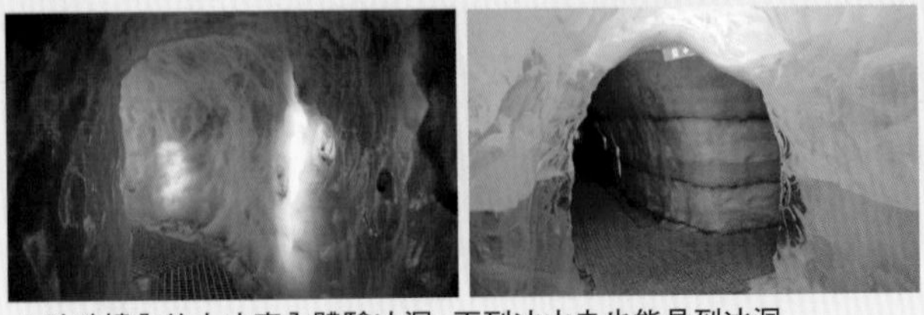

▲珍珠樓內的大冰庫內體驗冰洞，不到冰山去也能見到冰洞

# 首都近郊景點

交通方便的近郊，適合首都遊覽完後順路參觀

小巧的雷克雅維克也許1～2天就可以迅速逛完，剩餘的時間可考慮到近郊探險。下列推薦數個大眾運輸可到達的景點。

## 艾西亞山(Mt. Esja)

### 登高俯瞰靄靄白雪

傳說13個冰島精靈便是居住於艾西亞山後方。高912公尺，山上可俯瞰周邊火山特殊形狀；步道有1(容易)～3(困難)難易度區分，接近頂端的斜坡相當陡峭，上達頂端以後是個寬廣的平臺。平臺上有個簽到簿，讓登頂的遊客可以簽名證明到此一遊。

Mt. Esja 全年，但建議夏天或晴天時前往 由Mjódd 搭乘57號公車，於Esjustofa站下車，向站牌附近咖啡店後方步行3分鐘便可進入步道 免費 www.visitreykjavik.is (點WHAT TO DO→REYKJAVIK NATURE, PARKS & GARDENS →MOUNT ESJA)或直接於右上方搜尋Esja

▲霜雪未融的艾西亞山難爬，但周邊景色覆蓋著白雪相當特殊又美麗

## 清淨森林 (Heiðmörk)

### 氣氛靜謐孤絕的森林

▲冬天的清淨森林有蕭條的美感

Heið為清淨之意。早年冰島少有樹或綠地，此地經過數十年努力終成樹林，是冰島人極愛的踏青走春及採菇地點。冬天的清淨森林布滿針葉林與白雪，氣氛相當孤冷而靜謐。

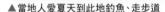

▲當地人愛夏天到此地釣魚、走步道

✉ Heiðmörk ◷ 無時間限制，但不建議雨天前往 ➡ 走1號公路，往南走約10公里後轉入408號公路(heiðmerkurvegur)便到達 $ 免費 http www.visitreykjavik.is (點WHAT TO DO→REYKJAVIK NATURE, PARKS & GARDENS→HEIDMORK NATURE RESERVE)或直接於右上方搜尋HEIDMORK

## 塞爾蒂亞半島 (Seltjarnarnes)

### 觀賞絕美的夕陽景致

▲塞爾蒂亞半島的西邊近燈塔處有一小池溫泉，可在裡頭泡腳

緊鄰雷克雅維克市區小巧可愛的塞爾蒂亞半島被海包圍著，知名歌手碧玉曾居住於此。塞爾蒂亞半島原意為海豹池半島，半島最西方角落有一個Grotta燈塔，前往燈塔的步道隨著潮汐的漲落時而消失。天氣合適時南岸經常出現夕陽大燒整片天空與海面。

✉ Seltjarnarnes ◷ 全年 ➡ 搭11號公車可進入該社區，若於Hofgarðar站下車後步行12分鐘可抵達Grotta燈塔 $ 免費 http www.seltjarnarnes.is

▲漲潮時路徑會被淹沒，潮水低時可步行至燈塔處

▲塞爾蒂亞半島南岸是相當適合看夕陽的地方

# 西南地區 Southwest

## 冰島著名景點集散地，體驗特殊地熱溫泉。

(圖片提供／劉怡君)

(圖片提供／劉怡君)

冰島西南地區有著豐富的地熱溫泉，綿延不斷的火山岩上覆蓋著厚厚的苔蘚使銳利的地形看來平坦。除著名的藍湖及金圈之外，西南地區也是冰島歷史上最富含文化歷史意義的重鎮。如果時間有限，可遊覽首都雷克雅維克與西南地區，就足以飽覽冰島最經典的景點及美麗風光。

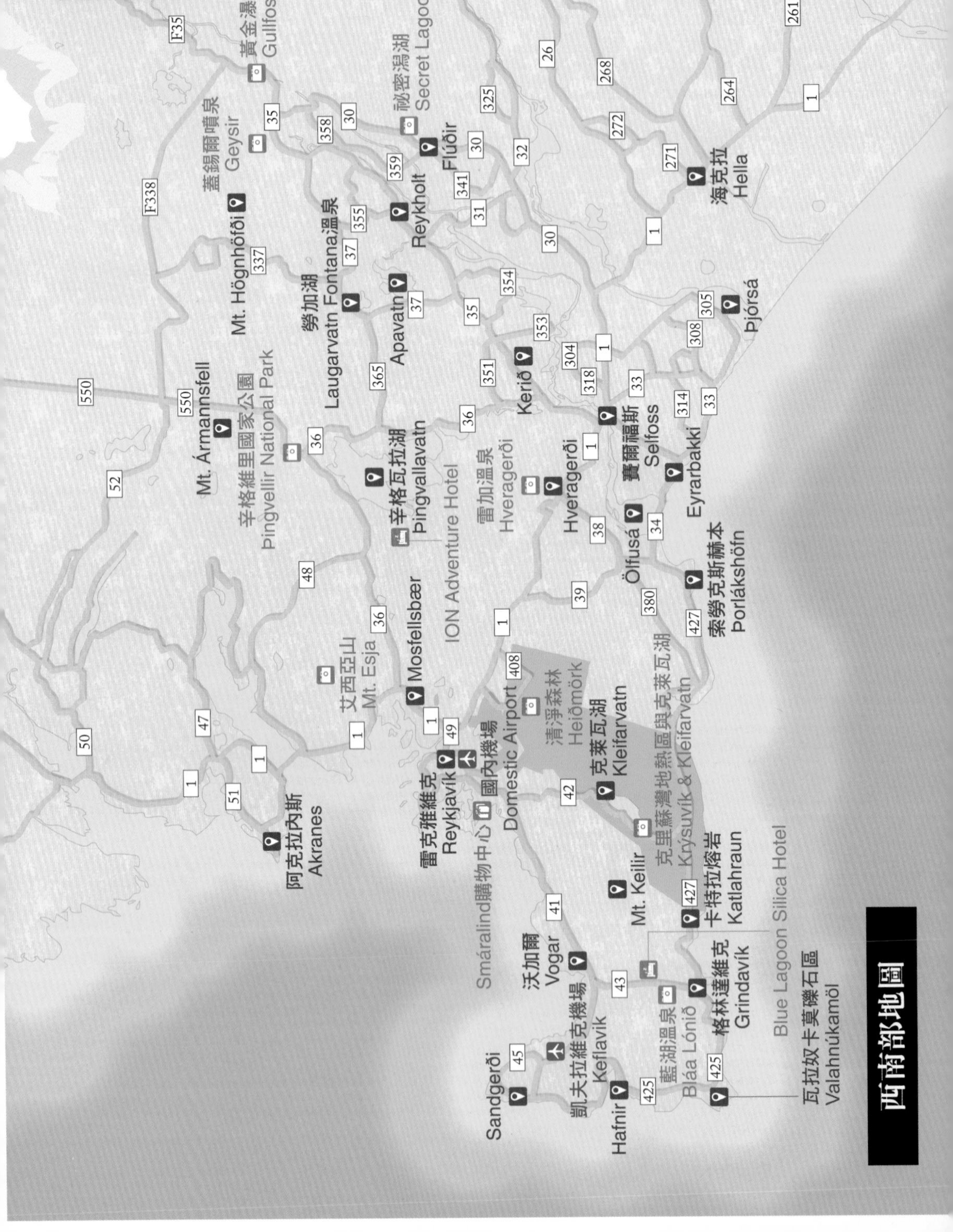
黃金瀑布 Gullfoss
秘密潟湖 Secret Lagoon
蓋錫爾噴泉 Geysir
Flúðir
Reykholt
海克拉 Hella
Mt. Högnhöfði
Laugarvatn Fontana溫泉
勞加湖
Apavatn
Þjórsá
Mt. Ármannsfell
辛格維里國家公園 Þingvellir National Park
辛格瓦拉湖 Þingvallavatn
ION Adventure Hotel
雷加溫泉 Hveragerði
Kerið
Hveragerði
賽爾福斯 Selfoss
Eyrarbakki
Ölfusá
索勞克斯赫本 Þorlákshöfn
Mosfellsbær
艾西亞山 Mt. Esja
清淨森林 Heiðmörk
國內機場 Domestic Airport
克萊瓦湖 Kleifarvatn
克里蘇維克地熱區與克萊瓦湖 Krýsuvík & Kleifarvatn
雷克雅維克 Reykjavík
Smáralind購物中心
阿克拉內斯 Akranes
Mt. Keilir
卡特拉熔岩 Katlahraun
Blue Lagoon Silica Hotel
沃加爾 Vogar
格林達維克 Grindavík
藍湖溫泉 Bláa Lónið
凱夫拉維克機場 Keflavík
Sandgerði
Hafnir
瓦拉奴卡莫礫石區 Valahnúkamöl
F35
F338
550
52
50
47
51
1
48
36
49
408
39
38
34
380
427
42
41
43
45
425
365
351
318
304
33
314
353
354
35
37
337
355
358
30
359
341
31
32
325
26
268
272
271
264
261
308
305

# 西南部地圖

# 金圈The Golden Circle

冰島最受旅客歡迎的景點

金圈包含辛格維理國家公園、蓋錫爾噴泉與黃金瀑布三個景點構成的路線，因其景點可拉成一個三角形的環狀路線而得名「金圈之旅」。因離首都不遠加上一年四季皆可遊玩，成為到冰島必造訪的景點。

## 黃金瀑布(Gullfoss)

瀑布與彩虹交織的美景　金圈

黃金瀑布源自冰島第二大冰河Langjökull匯流而成的Hvítá河。Gull為黃金之意，其特殊之處在河流沖蝕於不同硬度的地層造成兩階段式的瀑布，20公尺寬、32公尺深。豐沛的水量沖下深谷帶起朦朧水霧，天氣晴朗時可見彩虹。

✉ Gullfoss ➡ 走35號公路，依指標進入黃金瀑布的停車場後沿步道步行約5分鐘可到達 $ 免費 http gullfoss.is ? 除了自駕前往，也建議報名當地旅行團 MAP P.144

▲冬天的黃金瀑布周邊結成斑駁的冰層，搭配水流與聲響景致與夏天截然不同

## 辛格維理國家公園(Þingvellir National Park)

冰島最大的天然湖泊　金圈

Þing為議會之意，西元930年先人於歐美版塊交界處的裂谷成立全世界最古老的民主議會，辛格維理國家公園其名由此而來。1944年冰島人更在此地表決，決定脫離丹麥統治，成為一個獨立國家。除歷史意義外，此出最大的賣點為冰島最大的天然湖泊，辛格瓦拉湖(Þingvallavatn，84平方公里)，以及歐美版塊分裂所產生的綿延壯觀裂谷，裂谷的一端為美洲，另一端為歐洲，數分鐘步行便可輕鬆往返兩大洲。

✉ Þingvellir National Park ☎ +354 482 2660 ◷ 無時間限制，但不建議夜晚前往 ➡ 走36號公路，沿著路標便可到達國家公園遊客中心 $ 停車費500 ISK，廁所200 ISK(皆可刷卡) http www.thingvellir.is/en ? 除了自駕前往，也建議報名當地旅行團 MAP P.144

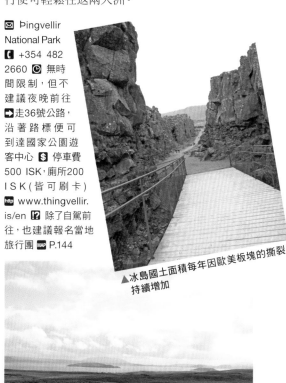

▲冰島國土面積每年因歐美板塊的撕裂持續增加

▲辛格瓦拉湖底下也有非常長板塊撕裂的痕跡，可參加潛水旅行團游過裂谷

## 蓋錫爾噴泉(Geysir)

天然的地熱噴泉　金圈

地表下的水經地熱煮沸並汽化後突破表面水層，蒸氣夾帶熱水衝破天際形成10～20公尺的噴泉，平均4～8分鐘噴發一次。Geysir是冰島一個古老噴泉的名字，經某次地震板塊移動後便不再噴發，英文中的噴泉(Geyser)便是由此發展而來。

☒ Geysir ⊙ 無時間限制 ➡ 走35號公路，見到N1加油站便可停車並步行3分鐘至對面蓋席爾溫泉 $ 免費 ⁉ 除了自駕前往，也建議報名當地旅行團 MAP P.144

▲相機可選擇連拍模式，抓住噴發瞬間

# 雷克雅耐斯半島 Reykjanes

豐富的地熱溫泉與火山岩美景

位於冰島最西南邊的突出半島，Reykjanes意為冒煙的半島。該地區有多處地熱溫泉、綿長的斷崖以及極大片的火山岩。凱夫拉維克機場及藍湖溫泉皆在此半島內，若於冰島的時間不長可將此地安排於行程內。

## 克萊瓦湖(Kleifarvatn)

賞極光的熱門地點　雷克雅耐斯半島

由於附近沒有淡水水源，克萊瓦湖的形成原因一直都是個未知的謎。湖畔由黑沙灘及火山岩環繞，湖畔附近可健行、賞鳥，夜晚則成了賞極光的最熱門地點。周邊有山丘當背景，加上該處光害及低，極光出現時映在湖面上很是美麗。

☒ Kleifarvatn ⊙ 全年 ➡ 由首都地區出發，沿41路往機場方向前進，而後左轉進入42號公路後前行20公里即可到達 $ 免費 MAP www.visitreykjanes.is/en(點選WHAT TO SEE & DO，再選Kleifarvatn) MAP P.144

▲冬天的克萊瓦湖景，薄雪覆蓋山頭，像個冷豔的美人

# 藍湖溫泉(Bláa Lónið/Blue Lagoon)

## 冰島NO.1地標

雷克雅耐斯半島

置身一片黑灰荒蕪的火山岩中央，霧氣蒸騰的溫泉水帶著如夢似幻牛奶般的藍，藍湖近年來已成為冰島最著名的標的。藍湖的起源為附近地熱發廠經處理過的海水排放於該處後與地底的白矽泥混合形成具有療效的溫泉。現在的藍湖已從當地居民的祕密溫泉轉變為商業景點。

240 Grindavík, Iceland +354 420 8800 每個月不一，詳情請見網站。夏天約07:00～23:00，冬天約08:00～21:00 走41號公路，轉入43號公路行經10公里後即到達。亦可由首都或機場搭乘Reykjavik Excursion巴士抵達 基本套票：49 EUR(含門票、毛巾、一杯飲料、白矽泥面膜)；進階套票：69 EUR(含基本套票內容，以及第二種自選面膜、拖鞋、浴袍)，需事先上網預約購票 www.bluelagoon.com P.144

▲昂貴的白矽泥面膜在藍湖岸邊無限供應

### 貼心 小提醒

**享受藍湖溫泉Tips**

1. 藍湖溫泉源自海水含高鹽分，要注意頭髮浸泡後會變得相當粗糙，長髮的人下水前建議先將頭髮綁起來。
2. 藍湖夏天人滿為患，盡量於11:00～15:00以外時段前往；並可事先線上購票，減少現場排隊購票時間。
3. 由市區往返機場途中前往藍湖節省交通費用與時間。
4. 櫃檯有出租泳裝、浴巾與行李寄放服務。
5. 溫泉中有小島販售含酒精飲料，可以用手環感應記帳後於出口結帳。

(圖片提供/Blue Lagoon)

(圖片提供/Blue Lagoon)

# 克里蘇灣地熱區
## (Krýsuvík/Seltún)

遠眺廣闊平原與克萊瓦湖　雷克雅耐斯半島

克里蘇灣地熱區的地熱不斷從縫隙中竄出，空氣中充滿硫磺味、地面灰黃斑斕，溫泉水在地面橫流，甚至還有冒著泡的灰色泥漿。此處的山丘雖熱氣蒸騰但仍可往上爬，頂端可遠眺附近平原視野寬闊。

✉ ýsuvík 🕒 全年 ➡ 由首都地區出發，沿41路往機場方向前進，而後左轉進入42號公路後前行22公里即可到達 $ 免費 MAP www.visitreykjanes.is/en(點選WHAT TO SEE & DO，再選Krýsuvík) MAP P.144

▲地熱區一帶熱氣蒸騰、地表顏色斑斕多彩

▲天氣好時由地熱區攀上山丘，可遠眺克萊瓦湖

# 瓦拉奴卡莫礫石區
## (Valahnúkamöl)

多變的特色礫石景色　雷克雅耐斯半島

該區地形相當多變，有高達10米的陡直懸崖、玄武岩柱、又大又圓滑的礫石，還有綿長的火山岩海岸。該區周邊還有冰島最老的燈塔遺跡及蒸騰的地熱區。此處亦為冰島最後一對大海雀居住的地區，因而在岸邊設立了其雕像。(關於已絕種的大海雀詳見P.116)

✉ Valahnúkamöl 🕒 全年 ➡ 由首都地區出發，沿41路往機場方向前進，而後左轉進入42號公路行至路底，再左轉進入427號公路至Grindavik，接著右轉進入43號公路，前行800公尺後左轉進入425號公路，最後向前直行約14公里，跟著Gunnuhver Hot Springs或Reykjanesviti的指標左轉即達 $ 免費 MAP www.visitreykjanes.is/en(點選WHAT TO SEE & DO，再選Valahnúkamöl) MAP P.144

▲瓦拉奴卡莫礫石區有拔地而起的懸崖、礫石海灘玄武岩柱相當多樣

▲已經絕種的大海鷗高80公分、重5公斤，外型似企鵝，因為無法飛行而被捕捉殆盡

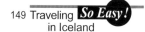

# 卡特拉熔岩(Katlahraun)

## 海浪激湧的澎湃之景

雷克雅耐斯半島

卡特拉為相當新的熔岩區，於2000年前火山爆發後熔岩流到海邊冷卻，因而形成水塘般的海岸線且表面坑洞斑駁如月球表面。該區的熔岩相當年輕，尚未有苔蘚覆蓋。於臨岸的觀景台上欣賞海浪激湧入灣區並打在岸上，相當刺激。

✉ Katlahraun ⏲ 全年 ➡ 由首都地區出發，沿41路往機場方向前進，而後左轉進入42號公路後行至路底，而後左轉進入427號公路，直行10公里後便可見到Katlahraun　Lava的指示 $ 無 MAP ww.visitreykjanes.is/en(點選WHAT TO SEE & DO，再選Katlahraun) MAP P.144

▲白細碎的浪花打在黑色熔岩上形成強烈對比

▲火山岩流至海岸線後形成一個小池塘

# 南部地區 South

## 觀看豐富自然景觀與稀有鳥類。

(圖片提供／劉怡君

除了首都以及西南度區外，南部也適合短時間停留的旅客。南部地區有多處冰河、溫泉、黑沙灘、森林和玄武岩及數個小鎮，可以看到冰島第五大冰河，體驗在極地健行及搭乘吉普車的極速快感、登上燈塔眺望海蝕洞，幸運的話，還可以在觀賞瀑布時見到美麗的彩虹，最後還有時間的話，駕車搭船登上西人島，體驗冰島當地年輕人舉辦的派對，絕對是令人難忘的冰島之旅！

南部地圖
鱒魚瀑布 Urriðafoss
Hella
熔岩中心 Lava Center
Hekla
Ýmir
Emstrur
Álftavatn
藍瑪納洛加 Landmannalaugar
索爾森林 Þórsmörk
艾亞法拉冰河 Eyjafjallajökull
塞亞里蘭瀑布 Seljalandsfoss
Sólheimajökull
森林瀑布 Skógafoss
飛機殘骸 Sólheimasandur Plane Wreck
維克黑沙灘 Dyrhólaviti
Reynishöfn
維克 Vík
Mýrdalsjökull
Kötlujökull
Laufskálavarða
Fjaðrárgljúfur
Landeyjahöfn港口
西人島 Vestmannaeyjar
Þverá
1
26
30
31
32
35
203
204
208
209
214
215
218
221
222
249
250
251
252
254
255
261
264
268
271
329
2208
F26
F206
F208
F210
F225
F228
F232
F235
F249
F261

## 索爾森林(Þórsmörk)

### 景致豐富多元的登山熱點

由中央高地走往南邊的景色由寸草不生的黑沙漠慢慢出現綠地，便是夾在冰河之中的索爾森林。索爾森林群山環繞，中間穿插河流構成許多步道，極受登山客歡迎，周邊有河流、黑沙灘、溫泉及冰河等變化繁多，並有數個小木屋及營地供遊憩。不方便攜帶行李長途健行的遊客，可以索爾森林為住宿中心點，往不同方向遊覽。建議攜帶足夠食物進入索爾森林，附床位的住宿務必提前預訂，營地露營則可到達後再選擇營地。

✉ Þórsmörk ⏲ 無時間限制，不建議冬天前往 ➡ 由塞亞里蘭瀑布走249號公路，行經5公里，再前行進入F249公路行經25公里後即到達。夏天亦可搭乘Reykjavik Excursion大巴到達 $ 免費 http www.lonelyplanet.com/iceland/thorsmork；健行步道網址www.volcanohuts.com(點Things to do→Activities→Hiking in Þórsmörk) !? 進入索爾森林需渡河，自行駕車務必使用四輪傳動車輛 MAP P.151

## 塞亞里蘭瀑布(Seljalandsfoss)

### 近距離感受磅礡瀑布

塞亞里蘭瀑布離1號公路相當近，位於進入索爾森林的必經之路。賽里亞蘭瀑布可走到瀑布後方近距離感受瀑布的衝擊力道。進入索爾森林的巴士會停於此處換車。

▲可於瀑布背後觀賞塞亞里蘭瀑布

✉ Seljalandsfoss ⏲ 無時間限制 ➡ 走1號公路轉入249號公路行經1公里後即可到達 $ 免費 http www.south.is (點WHAT TO SEE & DO→Nature→Seljalandsfoss) MAP P.151

▲索爾森林因周圍火山與冰河圍繞，使其溫度較其他地方溫暖故草木於此地長得較冰島其他地方更好

# 飛機殘骸 (Solheimasandur Plane Wreck)

一夕爆紅的滄桑異境

當加拿大紅星小賈斯汀於此處拍攝MV後，這裡便爆紅成為冰島最熱門的打卡景點。DC-3美軍飛機殘骸於1973年因燃料用罄迫降於Sólheimasandur黑沙灘。飛機殘骸周邊一片荒蕪，一眼望去全是黑沙灘以及平緩的黑色丘陵，更顯得飛機殘骸如置身異境般滄桑。

✉ Solheimasandur Plane Wreck ⏲ 全年 ➡ 飛機殘骸的入口介於彩虹瀑布與維克之間，由彩虹瀑布沿1號公路往維克方向行駛約9公里後，於右手邊可見到Solheimasandur Parking，後需步行4公里方能抵達 MAP P.151

# 鱒魚瀑布(Urriðafoss)

未來可能會消失的豐沛瀑布

位於冰島最長河流Þjórsá尾端的鱒魚瀑布雖然沒有很高的水位落差，仍夾帶非常豐沛的水量(360立方尺)。因其豐沛水量加上地點與首都極近，冰島自1927年便發予電廠執照。水力發電廠的計畫一直都沒有被執行，直到最近重啟，預計建立地下電廠，屆時鱒魚瀑布將會消失。此處夏天可釣得許多鱒魚、鮭魚因而得名。

✉ Urriðafoss ⏲ 全年 ➡ 沿1號公路往南走，行經30號公路後繼續往前行走3公里，後右轉入Urriðafossvegur直行1公里便可抵達停車場 MAP P.151

▶站在水位落差不大的鱒魚瀑布旁，仍能藉由轟隆水聲感受到其磅礴的氣勢

# 熔岩中心(Lava Center)

在玩樂中學習的優質景點

熔岩中心分為影片與火山展覽兩個部分。影片以震耳欲聾的聲音搭配許多過往的火山噴發及熔岩流竄畫面，這些難能可貴的畫面著實令人感嘆大自然的力量。展覽部分則多以互動式影音呈現，展示了不同種類的火山噴發方式以及溫度如何影響其結晶，可了解為何2010年的艾雅法拉冰河產生許多火山灰。熔岩中心整體上是可以讓孩子玩中學的場所，且其位於金圈與維克中間，是個非常好的休息用餐的停留點。

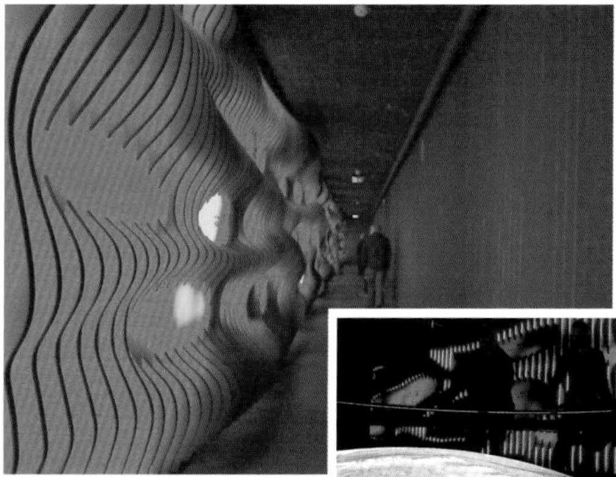

▲一進入展覽場後是仿造熔岩的時間軸，上有冰島各個著名火山噴發的年分

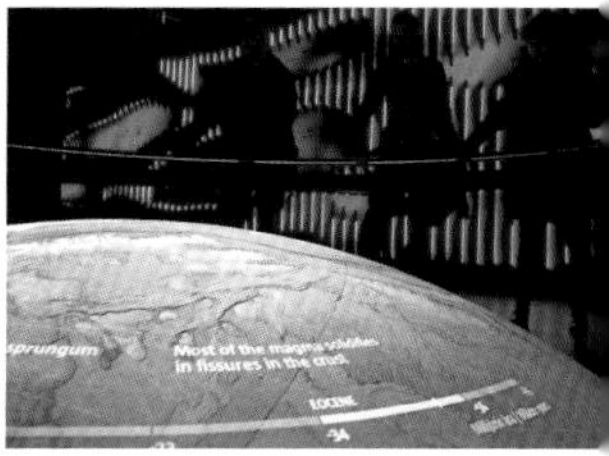

▲觀賞者轉動時間軸便能見到冰島行程的模擬畫面

▶展覽館選擇了數個具代表性、不同噴發性質的火山並以模擬畫面展示當時火山噴發的狀態

✉ Austurvegur 14, 860 Hvolsvöllur ☎ +354 415 5200 ⏲ 每日09:00～19:00 ➡ 熔岩中心位於1號公路旁，由首都出發經Hella小鎮以後繼續向南行駛12公里後可抵達 http lavacentre.is MAP P.151

# 西人島
(Vestmannaeyjar / Westman Island)

## 賞鳥人士的天堂

西人島群由15座小島組成，小島位於歐美版塊撕裂處火山噴發形成，最大的島嶼Heimaey上約有5,000多位居民，其餘小島上各有一棟房子。島上的許多陡峭壁岩上住著多彩的帕分鳥及其他鳥類，是賞鳥人士的天堂。Heimaey島上的火山最後一次噴發於1973年，火山至今仍溫熱，島上亦有多座火山可攀爬。每年7月最後一個週末許多冰島年輕人聚集在西人島舉行狂野派對，眾人在西人島的廣場上露營、聽演唱會，還可以飲酒狂歡。

⊠ Vestmannaeyjar 🕒 無時間限制，但不建議夜晚前往 ➡ 到Landeyjahöfn港口搭船(船票購買方式請見交通篇) $ 免費 http visitwestmanislands.com MAP P.151

▲西人島與其周邊

### 行家密技　細細品味西人島

建議於西人島參加當地巴士旅行團，由當地導遊開著小巴、富含情感地細細描述島上的所有小角落與生動故事。亦可參加遊船行程，搭著小船繞著島嶼周邊觀賞豐富生態與獨特地形。

**游船行程** http ribsafari.is

**歷史人文、賞鳥行程** http www.vikingtours.is

### 豆知識　西人島的名稱由來

第一個於冰島定居的挪威人Ingólfur的好友Hjörleifur帶著愛爾蘭奴隸拓展領地，卻在維克東部遭其奴隸殺害，奴隸們而後逃跑至西人島。Ingólfur聞風後亦前往西人島殺盡愛爾蘭奴隸為自己的兄弟報仇。因愛爾蘭人於北歐人而言來自西方，故稱此地為西人島。

# 艾亞法拉冰河(Eyjafjallajökull)

## 冰島第五大冰河

2010年造成全歐洲空中交通大亂的火山爆發便是這座艾亞法拉冰河，當時大量火山灰飄往歐陸，反而對冰島及首都雷克雅維克影響不大。此冰河目前為冰島第五大冰河，於森林瀑布便可遠眺艾亞法拉冰河。目前有當地旅行團提供此地的冰河健行及吉普車等行程。

⊠ Eyjafjallajökull 🕒 無時間限制，但不建議夜晚前往 ➡ 強烈建議報名當地旅行團，由當地導遊及教練陪同前往 http www.mountainguides.is $ 免費 MAP P.151

▲索爾森林的登山步道上可見到艾亞法拉冰河的數個冰蓋

## 森林瀑布(Skógafoss)

### 初級登山客可挑戰的簡易步道

Skógar為森林之意，高60公尺，可由此處通往五堆石頭步道，該步道因路程短、僅需基本配備，是許多遊客到冰島時會挑戰的步道，原則上可分為1～2天完成。森林瀑布面向南邊且就在1號公路不遠處，配上北歐斜射陽光在晴朗時可輕易看見彩虹，相當值得停留。

▲森林瀑布拔地而起，足足有60公尺高，側邊的山壁遮住瀑布側邊，讓瀑布看起來有點害羞

▲攀上森林瀑布旁的階梯後可見一路由高地奔波而來的河流垂直沖下懸崖

✉Skógafoss ⏲無時間限制 ➡由1號公路轉入Skógarvegur再向前行駛1分鐘後便可抵達停車場。由停車場步行至瀑布約3分鐘 $ 免費 http www.south.is(點WHAT TO SEE & DO→Nature→Skógafoss) MAP P.151

## 維克與黑沙灘(Vík & Reynisfjara)

### 上燈塔觀看海蝕洞美景

維克為冰島最南方的小鎮，是到東部著名冰河湖的中繼休息站。維克附近有著名黑沙灘。黑沙灘周邊有數個高聳玄武岩海蝕柱以及玄武岩。黑沙灘的另一端為Dyrhólaey，可駕車上高臺觀看Dyrhólaey燈塔遠眺美景欣賞海蝕洞。維克有時會颳起時速60公里以上的大風，前往時可先查詢氣象預報。遇大風時車子勿逆風向停車，以免開門時狂風瞬間將車門吹翻。

✉ Vík ⏲ 無時間限制 ➡ 走1號公路轉入218公路行經6.5公里後即可到達Dyrhólaey區，由斷崖俯望黑沙灘；走1號公路轉入215公路行經5.8公里後即可到達黑沙灘Reynisfjara，周邊有玄武岩洞 $ 免費 http www.south.is/en(點INSPIRATION→Towns→Vík) MAP P.151

▲維克黑沙灘

# 東部地區 East

## 各大電影拍攝景點，巨大冰塊景致壯麗。

(圖片提供／劉怡

占8%冰島面積的巨大冰原及冰河吸引了許多著名電影前往拍攝，東部地區絕大部分的面積都被瓦特那冰原所覆蓋。如夢似幻透出蒂芬妮藍的冰塊浮在水面上、一個又一個蜿蜒的峽谷都在冰島的東部地區。來到這裡，你還可以在史卡夫特山健行，俯瞰壯觀地冰河景致。

# 東部地圖

塞濟斯峽灣
Seyðisfjörður
Neskaupstaður
Fáskrúðsfjörður
Reyðarfjörður
Breiðdalsvík
Djúpivogur
艾伊斯塔濟爾
Egilsstaðir
Lagarfljót
Prándarjökull
赫本小鎮
Höfn
Snæfell
Litlafell
冰河湖
Jökulsárlón
Snæfell
Hvannadalshnúkur
Kverkfjöll
阿思嘉火山
Askja
米湖
Mývatn
瓦特那冰原國家公園
Vatnajökull National Park
史卡夫特山遊客中心
Skaftafell Visitor Centre
Hverfisfljót
Grímsvötn
Tungnafellsjökull
Kirkjubæjarklaustur
Hestur
Lakagígar
Fjaðrárgljúfur
Sprengisandur
Laugafell
Hofsjökull
Þórisvatn
1
92
93
94
95
99
842
F26

# 瓦特那冰原國家公園
## (Vatnajökull National Park)

### 歐洲最大冰蓋

Vatn為冰島語的水，瓦特那冰原為歐洲最大冰蓋，平均冰層厚達400公尺，最厚冰層有1,000公尺。瓦特那冰原及其周邊於2008年被編列為國家公園。冰原下方藏有多個火山、丘陵及深谷，周邊有近30條由冰蓋延伸出的冰河。

✉ Vatnajökull ☎ +354 575 8400 ⏲ 無時間限制 ➡ 走1號公路便轉入998號公路行經2公里後即可到達遊客中心 $ 停車費用600 ISK http www.vatnajokulsthjodgardur.is MAP P.157

# 冰河湖(Jökulsárlón/Glacier Lagoon)

### 大型冰塊絕美如畫

瓦特那冰原國家公園

晶瑩剔透的冰塊漂浮在湖上，如夢似幻的藍如置身異境。冰河前緣融化後大塊大塊的冰落入冰河湖裡，部分飄向出海口，或被水流推到沙灘上及海裡，風起時可聽到冰塊互相撞擊的清脆聲響。

欣賞冰河湖不需花費分毫，但當地旅行團亦提供如搭船遊冰河湖及冰河湖划船的活動。冰河湖的對面黑沙灘處是冰河湖的出海口，沙灘上、海面上與布滿透明的大型冰塊如迷宮。

✉ Jökulsárlón ⏲ 無時間限制 ➡ 沿1號公路行駛便可抵達，亦可由雷克雅維克搭乘Reykjavik Excursion巴士 $ 免費 http www.vatnajokulsthjodgardur.is/en/areas/hornafjordur MAP P.157

▲由冰河融化後一路被推往出海口的浮冰(圖片提供／劉怡君)

## 旅行團資訊這裡查

當地旅遊公司很多，可上網查詢各種不同行程與價格。可自行駕車到當地旅行團即可，部分旅行團亦由雷克雅維克出發，即便只有一人也可參加。

**Glacierguides** http www.glacierguides.is
**Mountainguides** http www.mountainguides.is
**Extreme Iceland** http www.extremeiceland.is/en

▲冰河湖的藍如夢似幻(圖片提供／劉怡君)

# 史卡夫特山遊客中心
(Skaftafell Visitor Center)

特殊少見的玄武岩瀑布 瓦特那冰原國家公園

造訪瓦特那冰原可由史卡夫特山遊客中心開始，遊客內有中心簡介、中心的附近及後方有數個通往冰原及冰河的步道。通往史卡夫特山的步道單趟約30分鐘，步道簡單易行，沿著遊客中心後方的步道，跟著黑瀑布(Svartifoss)指標方向走就可到玄武岩瀑布，中間經過3個令人驚豔的瀑布直至上層的黑瀑布，瀑布由壯觀的玄武岩牆傾瀉而下，中間沿途可俯瞰綿長出海口及附近冰河。

▲史卡夫特山周邊穿過黑沙灘便可走到冰河近距離欣賞

▲環狀的玄武岩菱角分明搭配直奔而下的瀑布如天然歌劇院

▲史卡夫特山後山的步道設施完善

Skaftafell 無時間限制 走1號公路便轉入998號公路行經2公里後即可到達遊客中心。史卡夫特山步道於遊客中心旁步行約5分鐘可到達起點 免費 www.vatnajokulsthjodgardur.is/en(點skaftafell) MAP P.157

## 瓦特那冰原國家公園周邊活動這裡查

攀上斑駁破碎的冰河，站在廣大無邊的冰原以體驗世界之大與自身渺小。為讓旅客盡情遊覽冰原地區，旅遊公司設計了相當多行程如冰原摩托車、冰洞探險及冰河健行、攀冰岩甚至可以搭直升機帥氣地飽覽冰原風光。可造訪瓦特那國家公園網站查詢更多步道及旅遊資訊。

http www.vatnajokulsthjodgardur.is/en

爬冰河需有導遊陪同▶

# 赫本小鎮(Höfn)

## 龍蝦節聞名的小鎮

離瓦特那冰河國家公園極近的赫本小鎮，是旅客前往東南部時的住宿首選，鎮上有超市、商店、及加油站等服務。赫本以每年6月最後一個週末舉行的龍蝦節聞名，各色各樣的龍蝦料理都在這幾天出爐，首推當然還是冰島傳統龍蝦湯跟白酒蒜烤龍蝦。

⊠ Höfn ◷ 無時間限制 ➡ 走1號公路再轉入99號公路，行經5公里後即可到達 $ 免費 http www.south.is/en(點INSPIRATION→Towns→HOFN) MAP P.157

▲可以在小鎮上的咖啡廳稍作休息，再繼續接下來的行程(圖片提供／劉怡君)

▲龍蝦節所推出的龍蝦料理，色香味俱全(圖片提供／劉怡君)

▲在艾伊斯塔濟爾城鎮眺望Lagarfljót湖

# 艾伊斯塔濟爾(Egilsstaðir)

## 眺望傳說湖泊

東部小鎮艾伊斯塔濟爾設有東部主要機場，是旅人們前往米湖或瓦特那冰原必經的物資補給站。該地區的Hallormsstaður是冰島最大的森林區，森林區內可露營與健行。小鎮旁邊還有一座Lagarfljót湖，曾有多人宣稱見到Lagarfljót湖內有隻長達12公尺的蠕蟲，但始終無人能證明其存在。

⊠ Egilsstaðir ◷ 無時間限制 ➡ 走1號公路即可到達，亦可搭乘國內班機抵達 $ 免費 http www.visitegilsstadir.is/en ⁉ 冬天時經常因路面結冰無法進出峽灣小鎮 MAP P.157

### 旅行團資訊這裡查

東部地區有許多極美但難以到達的冰河及峽谷等景點，透過專業嚮導的帶領可更深入探訪不易的東部地區，各種瘋狂的極境探險，包含找尋麋鹿、乘吉普車進入高地、雪地摩托車、峽谷健行或客製化行程等該公司皆可提供。

**Travel East** http www.traveleast.is/en

## 塞濟斯峽灣(Seyðisfjörður)

### 俯瞰經年累月切蝕冰河

塞濟斯峽灣進入峽灣小鎮之後開車翻過山嶺才能到達，於山嶺上可俯瞰塞濟斯峽灣的悠長，如此深刻的峽灣是由冰河經年累月的切蝕而來，石牆上的刻痕紀錄了冰河的力道。下坡進入塞濟斯峽灣的道路蜿蜒需小心來車，於下坡路段可見到蜿蜒綿長的峽灣最美景致與色彩豐富的可愛小鎮。鎮上人口僅不到700人，但醫院、超市、旅館等基本生活機能健全。

✉ Seyðisfjörður ⏲ 無時間限制 ➡ 走1號公路，轉入92號公路後行經1公里，再左轉進入93號公路後行經1.7公里，在右轉進入93號公路後行經24公里即到達 $ 免費 http www.visitseydisfjordur.com MAP P.157

▲塞濟斯峽灣小鎮位於峽灣底端

▲於網站中可以看到阿思嘉火山的風貌及介紹

## 阿思嘉火山(Askja)

### 享受火山湖溫泉

位於瓦特那國家公園北方的阿思嘉火山，最近一次噴發發生於1961年，而後山頂形成了至今仍溫熱的乳白色火山湖，冰島大學最新的活動中心便以此火山命名，亦可於火山湖裡享受溫泉。阿思嘉火山附近有數條步道，最著名的阿思嘉步道可一路由阿思嘉走往米湖，需注意此地的路況與天氣較勞加步道更為嚴苛，衣著與食物分配上務必做好妥善準備。

✉ Askja ⏲ 夏天約6月中～9月初 ➡ 走1號公路進入F88公路行經80公里，再進入F901道路後行駛13公里即到達 $ 免費 http www.northiceland.is/en/places/nature/askja ⁉ 進入阿思嘉的路不易行駛，務必租用較高的四輪傳動車或直接參加當地旅行團 MAP P.157

### 登山資訊這裡查

登山者可參考下列資訊以詳細規畫。

**登山協會**

網站介紹阿思嘉步道及實用的地形圖，亦可於該網站上預定山屋住宿。

http www.fi.is/en(點HIKING TRAILS→Askja Trail)

**阿庫雷里觀光協會**

網站詳細介紹了阿思嘉步道由火山湖阿思嘉一路到米湖的步道行程。

http www.ffa.is/en(點THE ASKJA TRAIL)

# 北部地區 North

## 自然美景豐富，健行參觀壯觀瀑布與稀有綠地。

(圖片提供／劉怡君

北部城鎮離極圈更近，小巧可愛的阿庫雷里是冰島的第二大城、北部第一大城。除此之外最適合看鯨魚的胡薩維克、通往地獄的岱堤瀑布，以及北歐神祉在人間的痕跡馬蹄形峽谷，多變的地形樣貌吸引許多愛好攝影的旅人來此取景。最北的小島Grímsey已在北極圈內，搭飛機前往還可以得到進入北極圈的證書。

## 北部地圖

Grímsey
Raufarhöfn
Kópasker
Þórshöfn
Siglufjörður
Ólafsfjörður
Dalvík
Ósar
Hofsós
Skagaströnd
Hólar í Hjaltadal
Sauðárkrókur
Blönduós
Þingeyrar
Húnavatnshreppur
Varmahlíð
Bakki
Hörgársveit
Kolugjúfur
Blöndulón
Hofsjökull
赫夫文化廳
Hof
阿庫雷里教堂
Akureyrarkirkja
阿庫雷里
Akureyri
赫理滑雪場
Hlíðarfjall
上帝瀑布
Goðafoss
胡薩維克
Húsavík
馬蹄形峽谷
Ásbyrgi
岱堤瀑布
Dettifoss
克拉夫拉火山
Krafla
Reykjahlíð
泥漿地熱區
Hverir
米湖
Mývatn
米湖溫泉
Mývatn Nature Baths
岩洞溫泉
Grjótagjá
Aldeyjarfoss
瓦特那冰原國家公園
Vatnajökull National Park
Jökulsá á Brú
870
874
85
745
76
83
82
1
854
87
862
864
744
75
752
829
8819
733
821
842
901
F35

# 阿庫雷里 Akureyri

冰島第二大城

冰島的第二大城阿庫雷里約有18,000位居民居住於此。小巧可愛的的阿庫雷里位於冰島最長的艾雅峽灣(Eyjafjörður)內，小鎮的配置乍看下是一個迷你版的雷克雅維克，因市區規模較小，年輕人們經常結伴開著車到處閒晃。旅客們可於阿庫雷里賞鯨、滑雪，周邊可以賞鳥，還可以由此處參加鑽石圈之旅，亦可搭乘船或飛機前往極圈內的小島Grímsey。著名的啤酒Einstök釀酒廠便位於阿庫雷里港邊。

✉ Akureyri ⏲ 無時間限制 ➡ 由雷克雅維克沿1號公路向北行駛約6小時即可到達；亦可搭乘國內班機或Reykjavik Excursion到達 http www.visitakureyri.is/en MAP P.163

▲與雷克雅維克相似的海岸線與雕像

## 阿庫雷里市區

美味餐廳林立的市區　阿庫雷里

阿庫雷里的鬧區與購物區落於Ráðhústorg到Akureyrarkirkja之間的路段，市區內的餐廳、咖啡甜點店、書店服飾店及旅館等應有盡有。市區的Akureyri旅館充滿來自世界各地的背包客，旅館內亦提供早午餐及簡易午晚餐。Café Berlin 為Accomodation Akureyri下早午餐類型餐廳，價格相當友善。稍正式的餐廳則有主打北歐菜系的Strikið以及主打海鮮的Noa Seafood Restaurant。

✉ Akureyri ⏲ 無時間限制 ➡ 鬧區處於Ráðhústorg廣場到阿庫雷里教堂之間地段 http www.akureyrarkirkja.is MAP P.163

▲阿庫雷里市區有許多藝術塗鴉

### 行家密技　鑽石圈之旅(Diamond Circle)

相對應於首都附近的金圈之旅，北部將數個容易到達又不可錯過的景點連線為鑽石圈之旅，其主要景點包含上帝瀑布、米湖地區、岱堤瀑布及馬蹄形峽谷。通常夏天時可由阿庫雷里地區參加1～2日旅行團遊覽鑽石圈，冬天則因岱堤瀑布周邊道路封閉而停止出團。

### 北部旅遊資訊這裡查

**觀光局網站**

詳列許多可於冰島北方進行的活動建議。

http www.northiceland.is/en

**旅遊公司SBA**

旅遊公司SBA是冰島北方涵蓋範圍最廣泛的旅遊公司，亦有自行營運巴士通往北方重要景點。

http www.sba.is/en/home

## 阿庫雷里教堂(Akureyrarkirkja)

### 阿庫雷里首要地標　阿庫雷里

阿庫雷里教堂是小鎮上最重要的地標，設計風格與雷克雅維克的哈克格林姆教堂的六角玄武岩意象雷同，兩者皆是由同一位設計師設計而成。阿庫雷里教堂屬於路德教派，於1940年完工，內部簡樸小巧莊嚴。教堂頂端懸掛的船象徵保護所愛的人在海上平安。

Eyrarlandsvegur, 600 Akureyri　+354 462 7700　冬天10:00～16:00；夏天10:00～19:00　走1號公路轉入Kaupvangsstræti路後步行3分鐘便可抵達　免費　www.akureyrarkirkja.is　MAP P.163

▲阿庫雷里教堂小巧可愛，是小鎮上最重要的地標

## 赫夫文化廳(Hof)

### 冰島藝文中心　阿庫雷里

傍著海岸的赫夫文化廳，外觀低調與周圍景色融為一體，內部風格現代，挑高光線明亮。裡面設有遊客中心、餐廳、精緻的禮品店，以及公共廁所。

▶阿庫雷里特有的愛心紅燈，後方圓形建築即赫夫文化廳

Strandgata 12, 600 Akureyri　+354 450 1000　春天(5月1日～5月31日)平日08:00～17:00；週末08:00～16:00；夏天(6月1日～9月20日) 08:00～18:30；秋天(9月21日～9月30日)平日08:00～17:00；週末08:00～16.00；冬天(1月～4月30日)平日08:00～16:00；週末休息　走1號公路便可到達　可免費入內參觀，觀賞表演門票另計　www.mak.is/en　MAP P.163

## 赫理滑雪場(Hlíðarfjall)

### 腹地廣大的優質滑雪場　阿庫雷里

距離阿庫雷里市區僅5公里的滑雪場赫理是冰島最佳滑雪場之一。滑雪場提供所有滑雪必需品租用服務，亦提供短時數的教學課程。

Hlíðarfjall　+354 462 2280　視天氣與積雪量而定，網站即時更新開放與關閉資訊　由阿庫雷里市區的Hlíðarbraut路轉入837道路即可到達　滑雪纜車單趟費用1,050 ISK，其他課程費用請見官網　www.hlidarfjall.is/en　MAP P.163

▲赫理滑雪場官網提供最新的開放資訊

# 米湖地區 Mývatn Area

夏天觀光熱點

米湖的冰島文一點也不浪漫是蚊子湖，Mý(蚊子)-vatn(水、湖)，夏天時當真蚊滿為患，成群的小蟲賴在頭頂上趕都趕不走。米湖地區是除了藍湖溫泉外，第二熱門的景點。2,300年前，玄武岩熔岩大量噴發而形成了米湖，面積約為37平方公里，周邊的濕地有許多的水鳥及鴨子。除了米湖本身以外，周圍有地熱區及可攀爬的火山口、溫泉、森林等，地貌與生態皆相當豐富。米湖地區夏天是熱門的觀光景點，建議提早預訂住宿。

Myvatn 無時間限制 走1號公路即可抵達 免費 www.visitmyvatn.is

▲米湖周邊的Krafla地熱發電廠

▲米湖周邊有數種不同地質

# 米湖(Mývatn)

## 生態豐富的湖泊　米湖地區

米湖於2300年前火山熔岩大量噴發時形成，本身位於活耀的火山群周邊。米湖為優養湖，周圍有濕地圍繞、火山、森林及溫泉等，湖邊生態豐富有不同種類的水鳥類棲息地因應米湖周邊的不同地形衍發出的聚落生態，部分鳥類因地制宜以岩洞為巢，部分水鴨以沼澤或小島為家。米湖水域內則有相當大量的鱒與鮭魚以湖面的蚊子、孑孓為食。米湖周邊有許多當地人自營的加工廠製作醃漬或煙燻鮭魚與鱒魚販售。

⊠ Mývatn ⓒ 無時間限制 ➡ 走1號公路即可抵達 $ 免費 http www.visitmyvatn.is/en MAP P.163

◀米湖周邊的夕陽(圖片提供／劉怡君)

# 泥漿地熱區 (Hverir/Hveraröndl)

## 觀賞泥漿與熱氣騰騰的蒸氣　米湖地區

來到泥漿地熱區，濃厚的硫磺氣味撲鼻而來，伴隨著沸騰灰色泥漿滾滾從地表上冒出，蒸騰的熱氣、色彩斑駁的地表與冰島冷冽的形象成為強烈對比。在這裡散步會有來到異世界的錯覺，很像來到月球表面一樣，但請記得遵守路標規定，以免發生危險。

⊠ Hverir ☎ 無 ⓒ 無時間限制 ➡ 由米湖沿1號公路向東行駛約5.5公里可到達 $ 免費 http www.diamondcircle.is/hverir MAP P.163

▲空氣中充滿硫磺味與溫暖的熱氣

# 米湖溫泉(Mývatn Nature Baths)

## 受當地人歡迎的天然溫泉

米湖地區

來到米湖地區旅遊的人，絕對不會錯過的就是米湖溫泉，雖然設備較熱門的藍湖溫泉簡略，但氛圍卻寧靜細緻且處於高處，溫泉與周邊的景致天人合一，泡湯的感覺非常愜意。米湖溫泉的溫度維持在36～40度左右，水質清澈滑溜、不含鹽分，水溫較藍湖高且均勻，冬天的票價十分實惠，推薦大家都此一遊，沉澱旅途帶來的疲憊。

Jarðbaðshólar, 660 Mývatn +354 464 4411 10月～5月中12:00～22:00；5月中～9月底09:00～24:00 由米湖走1號公路向東行駛2.7公里後右轉進入Jarðbaðshólar(路標Jarðbað)，再直行1公里便可抵達 3,800 ISK(10月～5月中)；4,300 ISK(5月中～9月底) www.myvatnnaturebaths.is P.163

▲米湖溫泉不像藍湖溫泉一樣有大批的遊客，反而更能舒適泡湯(圖片提供／劉怡君)

▲米湖溫泉也很受當地人歡迎(圖片提供／劉怡君)

▲壯觀的克拉夫拉火山也是北部地區的必遊景點

## 克拉夫拉火山(Krafla)

### 美麗的藍綠色火山口湖

米湖地區

克拉夫拉火山聳立於一大片火山岩之中，高818公尺，表面光禿頂端呈環形凹陷，火山湖水湛藍乳白，爬上頂端可遠眺周邊大片灰黑火山岩。克拉夫拉火山有一個著名的火山口湖Viti，藍綠色的湖水景色夢幻。

⊠ Krafla ⏲ 無時間限制 ➡ 由米湖沿1號公路向東行駛6公里後，左轉(跟隨指標Krafla)進入863號公路行經9公里後可抵達停車場 $ 免費 http www.northiceland.is/en/other/place/viti MAP P.163

▲位於克拉夫拉火山群的Viti火山口湖

## 岩洞溫泉(Grjótagjá)

### 《冰與火之歌》取景岩洞

米湖地區

岩洞溫泉的火山岩洞入口狹小，若沒有指示完全不會注意到裡面內部別有洞天。在某些時段光線照射下洞穴裡的溫泉呈神祕的藍。《冰與火之歌》(A Song of Ice and Fire)也曾於洞穴內取景。岩洞溫泉因為溫泉水溫升高，目前已不建議遊客泡湯，請務必遵守規則，以免發生危險。

⊠ Grjótagjá ⏲ 無時間限制，不建議夜間前往 ➡ 由米湖走1號公路向東行駛2公里，右轉進入860號公路行經1.7公里後可抵達 $ 免費 http www.northiceland.is/en/other/place/grjotagja MAP P.163

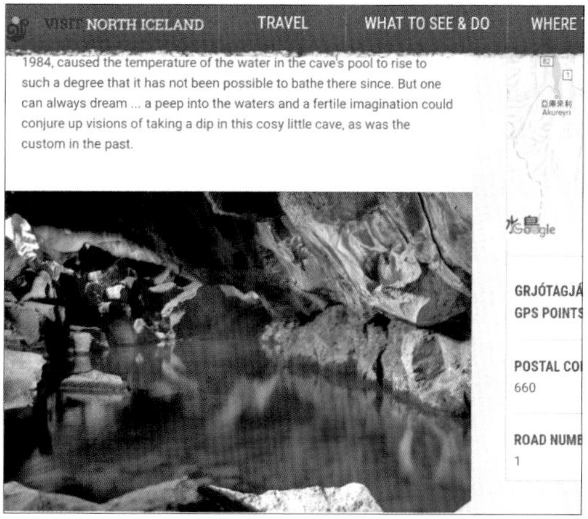


▲網站可以看到岩洞的詳細介紹

## 岱堤瀑布(Dettifoss)

### 歐洲水量最豐沛的瀑布

寬100公尺，深44公尺的岱堤瀑布是歐洲水量最豐沛的瀑布。由瓦特那冰原提供的豐沛水量夾帶著大量灰泥、氣勢磅礡地衝下深谷。站在瀑布旁水氣漫天、音量震耳欲聾氣勢懾人。開往岱堤瀑布的道路多碎石，且冬季不開放，出發前可先確認路況。

✉ Dettifoss ⏲ 無時間限制，但冬天前往道路大多封閉 ➡ 冬天：走1號公路進入862公路後行經22公里即可到達；夏天：可由1號公路接862號公路或由864號公路行經32公里後即到達。需注意862南方半段的路較為平坦，其他路段則為碎石路，冬天經常全段道路封閉或僅開方南方路段。由862號公路進入瀑布可由較高處看臺俯望；由864號公路進入則可近距離欣賞瀑布落入懸崖匯入河流 $ 免費 http visit north Iceland(點What To See & Do→Nature→Dettifoss waterfall) MAP P.163

▲夾帶大量泥沙的岱堤瀑布

## 胡薩維克(Húsavík)

### 冰島最適合賞鯨出發地

多種不同鯨魚經常性地進入胡薩維克灣區使得該地成為冰島最適合賞鯨的小鎮。此地有機會見到大型抹香鯨、虎鯨、藍鯨與小鬚鯨等多種鯨魚。鎮上超商、加油站與修車廠一應俱全。

✉ Húsavík ⏲ 無時間限制 ➡ 走1號公路轉入85號公路後行經45公里可抵達；或由1號公路轉入87號公路行經42公里，再右轉進入85號公路行經9公里後即到達 $ 免費 http www.visithusavik.com/husavik MAP P.163

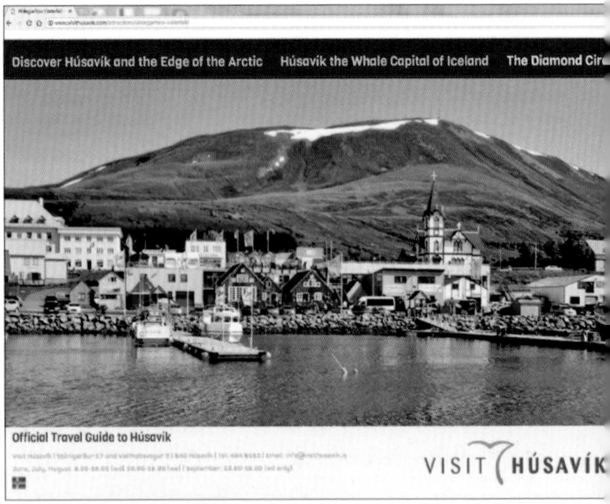


▲官網可以查詢關於胡薩維克的資訊

### 賞鯨資訊這裡查

胡薩維克地區有多個賞鯨旅行公司，部分亦結合順道觀賞帕芬鳥。每年的4月～10月之間最適合賞鯨；船上通常有雷達搜尋鯨魚，故出海時間並不影響賞鯨機率，但通常白天海平面較為平靜。賞鯨船價格約10,000～18,000ISK之間，為時2～3小時。

**Gentle Giants** http gentlegiants.is/home
**Húsavík Adventures** http husavikadventures.is
**North Sailing** http www.northsailing.is/home
**Salka** http salkawhalewatching.is

## 馬蹄形峽谷(Ásbyrgi)

### 冰島罕見大片綠地

馬蹄形峽谷為巨大的U峽谷，其文意為眾神的堡壘，據說是北歐神祉Óðinn的座騎，八腳神駒Sleipnir的馬蹄一腳踏過落下足印在人間。馬蹄形峽谷內地形有冰島罕見的大片綠地、地形平坦地質豐腴，3千年前曾為河道，河道改變後空出成為峽谷。登上峽谷中央平臺可俯瞰周邊景致，周邊亦有數條步道；峽谷內外皆有露營地。

✉ Ásbyrgi ☎ +354 470 7100 ⏲ 無時間限制 ➡ 走1號公路轉入85號公路行經105公里，再右轉進入861號公路行經500公尺後即可到達遊客中心；或由1號公路轉入87號公路行經42公里，再右轉進入85號公路行經70公里，在右轉進入861號公路行經500公尺後即可到達 $ 免費 http www.northiceland.is/en/other/place/asbyrg ⁉ 強烈建議報名當地旅行團 MAP P.163

▲巨大的U形峽谷附近有數個埋在草叢中的步道

### 馬蹄形峽谷健行步道這裡查

馬蹄形峽谷內部及外圍有相當多步道，登山客多紮營在峽谷入口處的營地，並於附近探索。

**馬蹄形峽谷官方網站**

http www.vatnajokulsthjodgardur.is/en
(點AREAS→JÖKULSÁRGLJÚFUR→PLAN YOUR VISIT→Hiking trails→Ásbyrgi)

## 上帝瀑布(Goðafoss)

### 因歷史而得名的瀑布

上帝瀑布位於米湖與阿庫雷里中間，沿著1號公路可順道停留。上帝瀑布一路由中央高地流向北方的河流，於此處形成圓弧形的優雅瀑布，並由中間的岩石相隔使瀑布如窗簾般分為左右兩側。於1000年左右，官員正式宣布冰島成為基督教國家，官員由北方返回辛格維里的路上，將北方諸神的神像全扔進了瀑布裡而得名。

✉ Goðafoss ⏲ 無時間限制，但不建議夜間前往 ➡ 走1號公路便可抵達 $ 免費 http www.northiceland.is/en/other/place/godafoss-waterfall MAP P.163

▲上帝瀑布如窗簾般由中央一分為二(圖片提供／劉怡君)

# 西部地區 West

## 各式地形，攝影愛好者天堂。

(圖片提供／劉怡

西部地區地形較為平坦氣候宜人且離首都雷克雅維克極近方便拜訪，雖不及其他地方的大山大海，但仍是個有火山、瀑布亦有冰河及大量火山岩，集所有冰島主要地形為大成的精采地區，堪稱是冰島的縮影，亦號稱攝影愛好者的天堂。

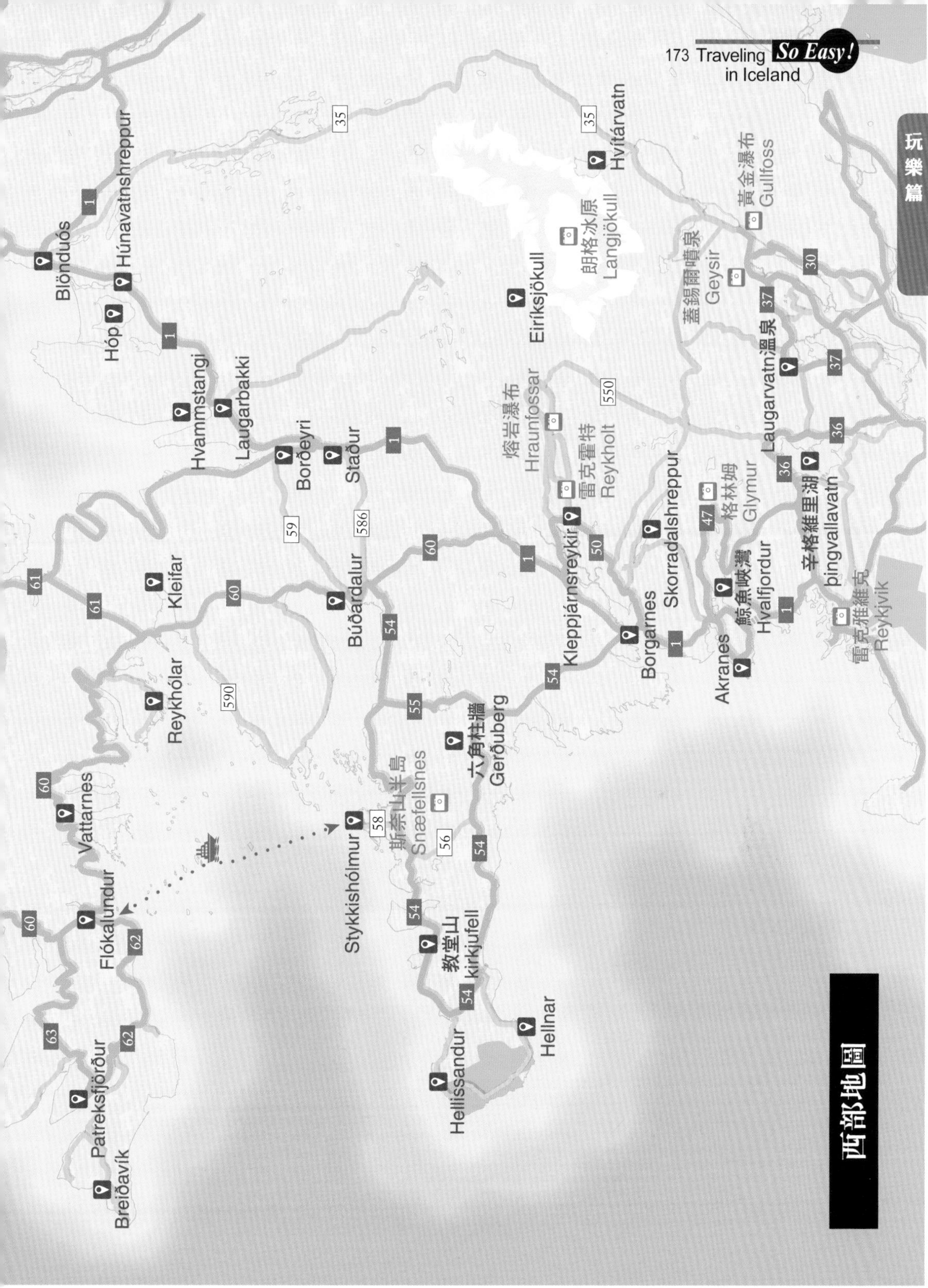
西部地圖
Blönduós
Húnavatnshreppur
Hóp
Hvammstangi
Laugarbakki
Borðeyri
Staður
Kleifar
Búðardalur
Reykhólar
Vattarnes
Flókalundur
Patreksfjörður
Breiðavík
Stykkishólmur
斯奈山半島
Snæfellsnes
六角柱牆
Gerðuberg
教堂山
Kirkjufell
Hellnar
Hellissandur
Eiríksjökull
朗格冰原
Langjökull
Hvítárvatn
黃金瀑布
Gullfoss
蓋錫爾噴泉
Geysir
熔岩瀑布
Hraunfossar
雷克霍特
Reykholt
Kleppjárnsreykir
Borgarnes
Skorradalshreppur
格林姆
Glymur
鯨魚峽灣
Hvalfjordur
Akranes
Laugarvatn溫泉
辛格維里湖
þingvallavatn
雷克雅維克
Reykjvik
1
35
30
37
36
47
50
550
60
59
586
54
55
56
58
61
62
63
590

# 斯奈山半島(Snæfellsnes)

## 通往地心的入口

斯奈山半島上公路環繞著斯奈山冰原，攀著海岸線而成。斯奈山冰河已存在70萬年，由於氣候變遷，目前冰蓋面積較數10年前縮小不少。電影《地心冒險》(Journey to the Center of the Earth)的原著中將此地描述為通往地心的入口。

半島上有著極壯觀的大片火山岩，金字塔形狀的教堂山(kirkjufell)及教堂山瀑布(kirkjufellfoss)。半島上地Stykkishólmur海港是個比雷克雅維克更適合賞鯨的地點，也可由此處搭船前往西峽灣區。Sönghellir的山丘上，有一個洞穴裡有綿綿不絕的回音，前往Sönghellir洞穴往的路上則可由高處看到綿延的山陵線與海岸，是斯奈山上最美的景致之一，再往西邊走可到真正的斯奈山冰原。

遊覽斯奈山半島沿路依山傍海其景致與冰島其他地區皆不同，海岸線舒坦開闊，令人心曠神怡。

## 旅行團資訊這裡查

斯奈山半島也很適合賞鯨且進出方便。除賞鯨及賞鳥團以外亦有從首都出發的旅遊團，駕著小巴帶旅客認識斯奈山半島每個角落。

### 賞鯨旅行團

由Grundarfjörður出發，歷時3小時。按季節不同每天有1～2個可選擇的時段。

http www.northiceland.is/en

### 斯奈山半島旅行團

Extreme Iceland、Guide to Iceland、Greyline等皆有規畫旅行團，根據行程內容不同價格約為16,000 ISK～23,000 ISK。

✉ Snæfellsnes 🕒 無時間限制 ➡ 走1號公路；再轉入60號公路，行經30公里，而後再左轉往54號公路向西前進27公里即可抵達 $ 免費 http www.west.is/en(點WEST ICELAND REGIONS→VISIT SNAEFELLSNES) MAP P.173

**1**.教堂山呈現金字塔形／**2**.教堂山瀑布壯闊雄偉／**3**.可由斯奈山半島乘船到對岸的西峽灣／**4**.Sönghellir山丘上有一個會有回音的山洞／**5**.斯奈山半島上有許多原始的火山岩與植被

1

2

3

4

5

## 朗格冰原(Langjökull)

### 交通最為方便的賞冰原地點

朗格冰原上白雪皚皚一望無際，冰原上純然的白交錯偶然露出的黑色火山岩及藍色天空，極度自然、純淨。朗格冰原上有個人造的冰洞(Ice Cave)，旅客們可實際透過冰河的切面了解冰河的堆積。

在冰島待的時間不長者可考慮到此地看冰原，因為和其他冰原相較起來，朗格冰原離首都較近。除冰洞以外也有在朗格冰原看極光的活動、在冰洞裡結婚互許終身、騎乘刺激的冰原摩托車，甚至如電影場景般搭乘直升機，直接降落在冰原上方都不是夢。

✉ Langjökull 🕒 無時間限制，不建議獨自前往 ➡ 走1號公路轉入36號公路行經33公里，再左轉進入550號公路行經51公里，再右轉行經55號公路行經7.5公里後即到達 $ 免費 http www.west.is/en/west/place/langjokull-glacier ⁈ 強烈建議報名當地旅行團 MAP P.173

### 朗格冰原旅行團資訊這裡查

Into the Glacier針對朗格冰原有各式各樣的行程，價格由19,500 ISK到更豐富的行程價格不等，也可與下列的熔岩瀑布結合一同造訪。

http intotheglacier.is/tours

冰洞內的沙層記錄了冰原每年的層積狀況 ▶

▲朗格冰原上方如平原般寬闊平坦

# 熔岩瀑布(Hraunfossar)

## 秋景宜人的河景

▲熔岩瀑布的景色宜人

位於Husafell的熔岩瀑布沿著河岸呈帶狀分佈匯集於白河(Hvítá)，秀娟的水流別有一番風情，天晴時瀑布流入河流中經陽光折射形成蒂芬妮藍色的河流。熔岩瀑布附近有由朗格冰原下的火山噴發石流出的熔岩痕跡，周邊很適合散步。

✉ Hraunfossar 🕒 無時間限制 ➡ 走50號公路公路轉入518號公路行經23 公里後可抵達停車場，再步行約10分鐘便可抵達瀑布 $ 免費 MAP P.173

▲秋天的熔岩瀑布遍地黃金

# 雷克霍特(Reykholt)

## 文學家駐足過的水池

雷克霍特是冰島最重要的文學作品《薩迦》(saga)的作者——斯諾里・斯蒂德呂松(Snorri Sturluson)故居所在，鎮上的Snorrastofa附近仍有斯諾里過去與朋友一起泡湯、暢談文學與理想的池子。

✉ Reykholt 🕒 無時間限制 ➡ 走50號公路，再轉入518號公路後行經5公里即到達 $ 免費 http www.west.is/en/west/place/lava-waterfalls MAP P.173

# 格林姆(Glymur)

## 冰島最高的瀑布

格林姆有冰島第二高的瀑布，其入口位於雷克雅維克北部峽灣(Hvalfjörður)的內側。到停車場後步行約1～1.5小時可到達。前往格林姆的健行路段有可能需要防水靴或溯溪，其景色原始而陡峭，體現大自然鬼斧神工由河流切割而成的深谷。

✉ Glymur 🕒 無時間限制，但冬天地滑不建議前往 ➡ 走47號公路至峽灣最深處後轉入5001號公路(隨Glymur路標)行經3公里後可抵達停車場 $ 免費 http www.west.is/en/west/place/glymur MAP P.173

# 鯨魚峽灣(Hvalfjordur)

## 英美海軍的駐點遺跡

冰島所有鯨魚捕獲以後都會送往此處，故名為鯨魚峽灣。在鯨魚峽灣海底隧道開通前，所有旅客皆需繞行長達65公里的峽灣，才能由雷克雅維克與北方往來。峽灣深30公里，寬5公里，離首都極近，卻是個相當平和安靜的景點，兩旁有高低起伏、形狀多變的火山，峽灣底端可以見到遠處的冰河。二戰時期，此處亦為美軍、英軍於冰島的基地，目前仍有部分碉堡遺跡。冰島第二高的格林姆瀑布可由峽灣底端進入。

✉ Hvalfjordur ➡ 由首都沿1號公路向北駛，於海底隧道前右轉進入47號公路 $ 免費 http www.west.is/en/west-iceland-regions/visit-hvalfjordur MAP P.173

▼鯨魚峽灣內還有多個二戰時期英軍、美軍遺留下來的碉堡遺跡

# 西北地區與中央高地
## Northwest & Highlands

**人煙罕至、遠離塵囂的遺世祕境。**

西北半島與中央高地處偏遠，全年大多時候為冰封狀態，通常在旅人們遊覽冰島時較少觸及此地，但若時間跟預算有餘裕相當推薦前往一覽與他處全然不同風光。冰島中央高地與西峽灣交通狀況較差，且天氣多變，建議前往該地區者多預留時間並小心駕車。

# 中央高地 Highlands

人跡罕至的冰島中心

中央高地自行駕車較難進入，且一年多僅於夏天開放3個月，其餘季節全無人居住。夏天可借重旅遊公司的巴士進入高地一覽其如外星球般崎嶇的地形及遠離俗世的寧靜，許多登山客也於這個季節進入高地進行數天的登山活動。

highland 多數地區僅於夏天開放 搭乘Iceland on your own巴士進入高地 免費 www.south.is/en (點WHAT TO SEE & DO→The HIGHLANDS)

▲冰島高地汽車多不易抵達，以徒步的方式旅行更能切身體會冰島的安靜與孤寂

▲色彩豐富的火山及不時仍冒著煙的地面、溫泉、大片的苔癬皆是藍瑪洛加的大賣點

## 藍瑪洛加與洛加步道
## (Landmannalaugar & Laugavegurinn)

豐富景致的步道 中央高地

藍瑪納洛加是洛加步道的起始點，也是冰島最具特色的一景，其山區外圍為一片平坦黃土，步入高原後綿延的彩色的火山、極大片灰色熔岩、墨綠色苔癬及寬廣的天際線皆令人驚歎不已。

若不方便每天長途跋涉步道全程也可考慮僅駐點於此，享受附近美麗奇特的景致。洛加步道走完全程約需4天，每日約步行12～16公里的上下陡坡，但沿途經歷彩色黃土岩石區、火山岩區以及黑沙漠區，景色如電影場景般寬闊懾人。參加旅行團可免除背著行李走長路，晚上也可住木屋睡眠品質較佳。若裝備充足、準備萬全亦可考慮自行前往，建議先行於市區購買地圖並結伴同行。

Landmannalaugar 約6月底～9月中 搭乘Iceland on your own巴士進入；若自行駕車可由1號公路轉入26號公路，行經49公里，再右轉進入F225公路，行經41公里，在右轉進入F208號公路，行經6公里後即到達營地 免費 www.south.is/en(點WHAT TO SEE & DO→The HIGHLANDS→ Landmannalaugar)

## 洛加步道健行路線

第1、2天上下坡度與天氣變化大可準備手杖，第3、4天則較為平坦，會有溯溪的可能性，水深超過1公尺溪下有恐有碎石，可將毛巾與涼鞋至於易取之處以備不時之需。下述停留點皆有大眾運輸巴士到達，可縮短行程選擇不同點進出。

**DAY1 第1天**

Landmannalaugar→Hrafntinnusker (12公里)，裸露的彩色地表與斑駁的地表，這段路程與冰島所有地方的景色完全不同。第一天有許多上下坡且海拔較高，注意天氣變化。

**DAY2 第2天**

Hrafntinnusker →Álftavatn (12公里)，由綿延不絕的上下坡逐漸走入礫石區並出現許多苔癬與綠色植被。遠眺Álftavatn是當日最令人動容的風景。

**DAY3 第3天**

Álftavatn→Emstrur (16公里)，由平坦湖區越過數個山丘及湍急河流後慢慢進入黑沙漠。看似了無生命的沙漠卻長著矮小的可愛紅花。

**DAY4 第4天**

Emstrur→Þórsmörk (17公里)，周邊景觀由黑森林逐漸長出矮小草地，而後出現樹叢，再看到綠林時便是到了索爾森林。

## 五堆石頭步道(Fimmvörðuháls)

可綜觀多種地形的登山步道 中央高地

▲五堆石頭步道的起點，索爾森林

接續洛加步道的路程由索爾森林到達森林瀑布(16公里)，路途顛簸難行，部分路段較陡峭需要扶攀繩前行，但體力良好者仍可一天之內完成。亦可慢行分兩天夜宿兩點之間的營地。沿途可見多個瀑布、河流、峽谷，以及造成歐洲航班大亂的火山艾雅法拉冰河。

Fimmvörðuháls 約6月底～9月中 參考索爾森林或森林瀑布的交通方式 免費 www.fi.is/en/hiking-trails/fimmvorduhals(點Hiking Trails→Fimmvörðuháls)

## 西北地區 Northwest

由空中俯瞰峽灣與火山

西北峽灣地廣人稀，目前約有7,000人居住、其形狀彷彿由冰島延伸而出的鹿角，崎嶇蜿蜒的地形及狹窄的道路使得西峽灣較難進入。前往西北地區除開車進入以外，亦可搭乘國內班機前往西峽灣最大城伊薩峽灣(Ísafjörður)，搭乘班機一來可省下交通時間，二來由空中俯瞰綿長的峽灣是欣賞冰島峽灣與火山的最佳方式。

Westfjordur 無時間限制 除由1號公路接60號或68號公路進入西峽灣外，亦可由斯奈山半島的Stykkishólmur港口帶著汽車乘船，由西峽灣的Brjánslækur進入西峽灣地區 免費 www.westfjords.is

### 行家密技 適合無駕車單人旅客的登山套票

登山套票(Hiking Passport)內容包含洛加步道與五堆石頭步道，並可由不同地點回到首都，例如從雷克雅維克搭車到藍瑪納拉洛加營地後，可步行至森林瀑布，並由此搭車回首都。

▲進入高地的汽車需四輪傳動，搭巴士也是好選擇

# 冰島語指指點點 玩樂篇

**Fallegt!**
好漂亮！/ Beautiful!

**Frábært!**
太棒了！/ Great!

**Hvað er þetta**
這是什麼？／What is it？

**Þrír miðar**
3張門票／Three tickets

**Veðrið er frábært!**
天氣真好！ /The weather is fantastic!

**Veðrið er ömurlegt.**
天氣好爛/ The weather sucks

**Aukagjald**
額外的費用/Additional charge

**Hvar er salernið？**
請問廁所在哪裡？／Where is the toilet？

**Hversu langan tíma tekur þetta？**
需要多少時間？／How long does it take？

**Hvar stoppar rútan？**
請問巴士站在哪？／Where to wait for the bus？

**Hvaða kennileiti eru nálægt?**
這附近有什麼景點嗎？/ What are the attractions nearby?

**Má ég nota salernið？**
請問可以借廁所嗎？／Can I borrow the toilet？

**Hvað er innifalið í þessari ferð？**
旅行團包含了什麼呢？／What is included in the tour？

**Hvernig kemst ég til__？**
如何到達__？／How to get to__？

**Hvar á ég að fara úr rútunni？**
請問要在哪裡下車？／Where to get off the bus？

**Má ég taka mynd hérna？**
這裡可以照相嗎？／Can I take pictures here？

**Hve lengi verðum við hér?**
我們在這裡停留多久？/ How long are we staying here?

**Ég vil fara í þessa ferð.**
我想要參加這個旅行團／I would like to join this tour.

**Klukkan hvað eigum við að hittast?**
什麼時間集合？/ What time do we meet?

**Hvar er upplýsingaborðið**
服務台在哪裡？/ Where is the information desk?

**Vinsamlegast hleyptu mér út hjá ____.**
請讓我在___下車/ Please drop me at_____.

**Hvar eigum við að hittast?**
要在哪裡集合？/ Where do we meet?

**Geturðu vinsamlegast tekið mynd af mér？**
可以幫我拍張照嗎？／Can you please take a picture for me？

**Get ég breytt tímasetningunni á rútumiðanum？**
車票可以改期嗎？／Can I reschedule the bus ticket？

**Ég vil gjarnan fá meiri upplýsingar um _____.**
我想知道更多_____的資訊 / I’d like more information about _____

# 行程規畫篇
# Itinerary planning

## 根據建議行程，玩翻冰島吧！

本篇將以各種不同天數長度為單位，以及各種交通方式來介紹不同的行程安排，並將沿路不可錯過的重點風景列入，讓您無論停留幾天、用什麼方式都玩得盡興！行程內容、費用與實際交通方式可搭配玩樂篇進行詳細的行程規畫。

(圖片提供／劉怡君)

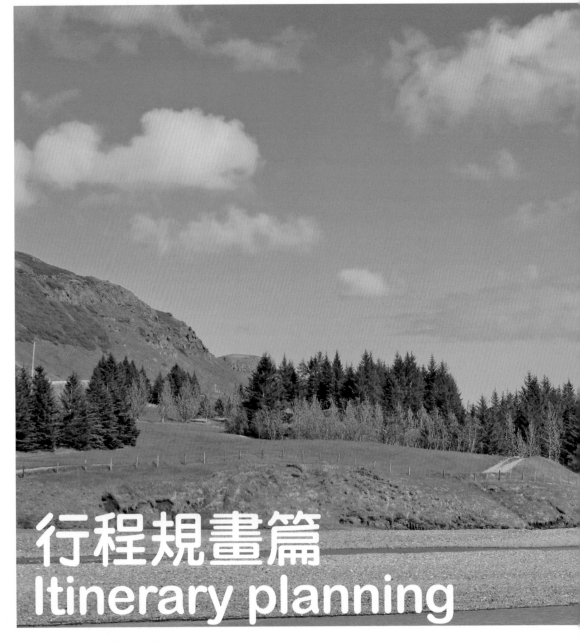

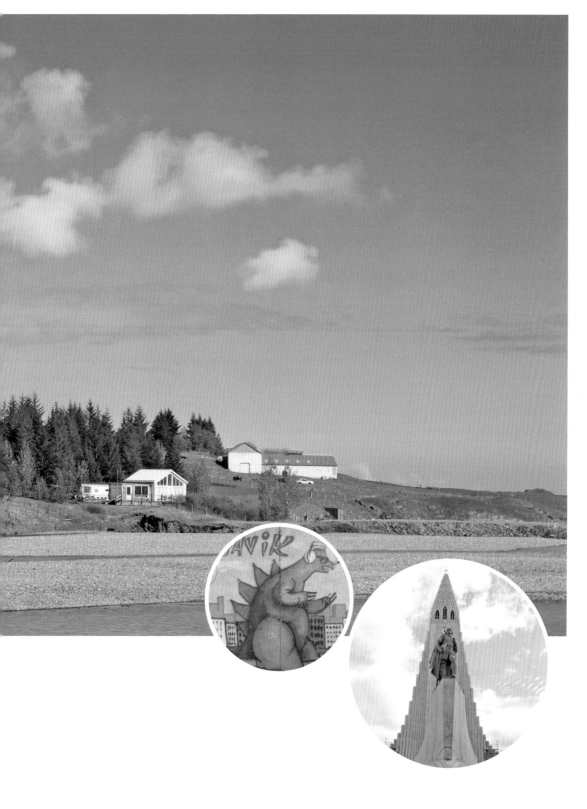

# 短天數旅遊行程建議

時間不多的遊客，就精選必玩的景點吧！(圖片提供／劉怡君)

許多旅遊公司設計了各式各樣由雷克雅維克出發可一天內完成的套裝行程。即便只在冰島停留4天也有許多可看度極高的行程，可參考各旅遊公司網站選擇自己有興趣的行程拼湊組合，並視天氣與極光噴發程度決定晚上是否報名極光之旅。以下建議行程皆1～2天內可完成，搭配抵達時天氣變化與自身興趣可任意挑選一行程為每日重點，也可由下表挑選數個行程拼湊成4～5天行程。

雷克雅維克的街景富有藝術風情▶

**短天數旅遊行程**

| 活動內容 | 價位(ISK) | 怎麼規劃怎麼玩？ |
| --- | --- | --- |
| 藍湖＋藍湖周邊 | 5,400起 | 藍湖離凱夫拉維克機場較近，抵達冰島後可搭巴士前往藍湖，再乘巴士前往雷克雅維克，反之亦可。藍湖與其周邊亦有許多旅行團可到達。訂購旅行團時需注意報價是否含門票。 |
| 極光觀賞 | 6,400起 | 行程皆在夜晚至少8點以後，可抵達冰島後視天氣狀況決定日期。 |
| 金圈之旅 | 9,500起 | 目前現有套裝行程中亦可結合極光、祕密潟湖溫泉、乘吉普車遊覽等不同方式。時間不足的狀況下也可考慮約5個小時的午後金圈之旅。 |
| 騎馬 | 8,800起 | 分多種程度與價位，不同季節也有不同價格。亦可與金圈之旅結合在一起節省來回交通時間。 |
| 南岸之旅 | 19,900起 | 參加一天的南岸旅行團，途中欣賞南部海岸線、瀑布、攀冰河，最遠可到維克黑沙灘。 |
| 賞鯨 | 9,500起 | 一日行程可考慮於雷克雅維克賞鯨，若計畫前往斯奈山半島的話則建議於該處參加，看見鯨魚機率較高。 |
| 首都市區步行之旅 | | 使用一日城市卡便可無限搭乘公車，並享用游泳池與多個博物館、美術館。 |

＊資料時有異動，請以官方公布的最新資料為主
＊製表／林佩儀

# 5天行程安排範例

安排短天數行程時可依照班機時間，並且考量天氣狀況將上述行程隨機安排，現今旅遊公司相當多，即便出發前一天才預約多半仍有餘額。

若前往冰島南岸超出預算，可考慮前往格陵蘭賣場，或者安排近郊小旅行。

## Day 1 抵達冰島→藍湖溫泉→雷克雅維克

抵達冰島，可直接於機場出境處的RE櫃檯購買巴士票券，前往冰島最著名的藍湖享受露天溫泉，而後再度搭乘GreyLine或者RE巴士，前往雷克雅維克入住旅館。

## Day 2 雷克雅維克→金圈→雷克雅維克

由雷克雅維克出發，跟著旅行團輕鬆地遊覽金圈！內容包含了富含民主歷史意義的辛格維里國家公園、由地面向上噴發的蓋席爾噴泉以及雙層黃金瀑布。下午回到雷克亞維客市區用餐並休息。

## Day 3 雷克雅維克+賞鯨旅行團

可由市區的咖啡店開始一天的早晨，體驗雷克雅維克的咖啡店文化。而後可以步行方式遊覽小巧可愛的雷克雅維克市區、哈克格林姆教堂、舊城區以及沿岸山海兼具的美景。市區的許多餐廳都有推出每日魚選與湯品的午餐特惠價，可以在此用完午餐後，下午繼續於市區漫步，或可視天氣狀況前往舊港口參加賞鯨旅行團。

▲在市區也可以騎乘自行車遊覽景點

▲悠閒地體驗當地咖啡店文化也是相當推薦的行程

## Day 4 雷克雅維克→冰島南岸→雷克雅維克

參加由雷克雅維克出發的冰島南岸旅行團，遊覽最精采的景點，可以選擇靠窗位置更方便欣賞沿途風景！南岸行程首先前往往繞過瀑布背面的塞亞里蘭瀑布、由高地階梯垂直落下的森林瀑布，以及維克附近的黑沙灘。如果是自駕的民眾，可以在駕車時欣賞古早時期被賦予許多傳說故事的畸形的山丘與奇石。當天行程路途較長，可以事先準備零食、飲料等在路上食用。

## Day 5 冰島南岸→雷克雅維克→洛加地熱游泳池→離開冰島

在冰島的最後一天可抓住機會，再度前往市區購買明信片、紀念品，或者造訪洛加地熱游泳池，與當地人一起閒聊、享受平價溫泉而後前往機場。

# 中天數旅遊行程建議

首都為主的行程，搭配當地旅行團，玩得更盡興！(圖片提供／劉怡君)

於冰島待5～7天不算長的天數內，與其匆匆忙忙地環島不如好好地以首都及阿庫雷里為中心向其周邊探索。也可到近郊處小住一天感受荒野的氣息。旅人們可由下列選項，以天數和地區規畫拼湊排列出適合自己的行程。

下表可搭配玩樂篇的介紹決定停留時間與安排交通，下列預算以首都出發的旅行團為參考價格。鑽石圈則以米湖出發為價格參考，由阿庫雷里出發價格較高。

▲冰島天氣多變化，開車時需提前查詢天氣

## 中長天數旅遊行程

| 行程 | 預算(ISK) | 預留時間 | 怎麼規畫怎麼玩？ |
|---|---|---|---|
| 瓦特那冰原＋冰河湖 | 18,900起 | 1～2天 | 距離較遠，可當天來回，亦可租車或參加旅行團與短天數的南岸之旅結合為兩天一夜的行程。 |
| 斯奈山半島 | 17,900起 | 1～2天 | 斯奈山半島可一天內由雷克雅維克來回，亦可考慮於該處多停一天參加騎馬或賞鯨等行程。 |
| 西人島 | 15,000起 | 1～2天 | 可全部採取大眾運輸抵達西人島後參加當地旅行團。 |
| 阿庫雷里 | 飛機：20,000<br>巴士：9,600 | 1天 | 阿庫雷里市區小巧可愛，可停留一天並由此參加鑽石圈之旅行程。 |
| 鑽石圈之旅 | 29,000 | 1～2天 | 包含米湖周邊、岱堤瀑布及馬蹄形峽谷峽谷等多個景點。 |
| 首都近郊之旅 | - | 1 天 | 若天氣佳可前往建議地點，天氣不佳則可前往國家博物館，內部保存許多文物與照片及畫作呈現冰島歷史。 |

＊資料時有異動，請以官方公布的最新資料為主
＊製表／林佩儀

# 7日行程安排範例

## 大眾運輸+當地旅行團

### Day 1 抵達冰島→藍湖溫泉→雷克雅維克

抵達冰島的第一天，先搭乘RE巴士至藍湖，讓置於火山岩中央如夢似幻的藍湖溫泉洗去一身疲倦，而後前往雷克雅維克旅館休憩。

### Day 2 雷克雅維克→金圈→雷克雅維克

參加當地旅行團，由專業司機與導遊帶領輕鬆遊覽歐美板塊裂痕、蓋席爾噴泉及黃金瀑布等著名景點，親眼見證大自然鬼斧神工於冰島刻下壯觀的痕跡。

### Day 3 雷克雅維克+極光旅行團

於雷克雅維克市區悠閒散步飽覽市區景點，除市中心景點外，若天氣良好可沿著海岸線散步或拜訪首都區域內博物館。晚上視天氣狀況可參加追尋極光旅行團！

### Day 4-5 雷克雅維克→冰島南岸與冰河湖→雷克雅維克

參加兩天一夜的南岸+冰河湖旅行團，行程由雷克雅維克出發，途中經過數個瀑布、維克黑沙灘與壯麗玄武岩，行程亦包含東部最大的瓦特那冰河，造訪歐洲最大冰蓋以及透出神祕藍光的夢幻冰河湖。

### Day 6 雷克雅維克→首都周邊或斯奈山半島→雷克雅維克

冬天可瀏覽首都市區周邊景點如格陵蘭賣場、國家博物館或參加騎馬行程，騎馬踏雪別有一番風味。若預算充足亦可考慮當天參加斯奈山半島旅行團。斯奈山半島有火山、冰河、黑沙灘及玄武岩等集冰島各地特殊地理景觀於大成。

### Day 7 雷克雅維克→洛加地熱游泳池→離開冰島

在冰島的最後一天可抓住機會再度前往市區購買明信片、紀念品，或者造訪洛加地熱游泳池與當地人一起閒聊、享受平價溫泉而後前往機場。

## 自駕自助方案

### Day 1 抵達冰島→雷克雅維克

抵達冰島，於機場取車後駕車前往首都雷克雅維克，用完晚餐後投宿於雷克雅維克。

### Day 2 雷克雅維克

上午可於首都市區及舊城區周邊悠閒步行，造訪雷克雅維克市區內景點及品嘗冰島風味美食。下午可駕車繞行首都沿岸，由哈帕音樂廳前的海岸線逆時針繞行駛，一路沿著海岸線駕駛前往塞爾蒂亞半島，可造訪塞爾蒂亞半島底端的Grótta燈塔。

▲自駕的好處是可以隨開隨停

▲旅行途中可搭配騎馬、賞鯨等額外行程增加樂趣

而後繼續沿海岸線駕駛至面南的首都地區最美的沿海岸線，可遠望對岸外形如金字塔的火山Keilir。而後可繼續駕車造訪公牛丘沙灘與珍珠樓等景點。

## Day 3 雷克雅維克→金圈→塞亞里蘭瀑布→森林瀑布→維克

這天行程相當精實，建議提早出門前往金圈地區，首先抵達辛格維里國家公園欣賞歐美版塊斷層，以及全球最古老議會所在地，而後繼續前往蓋席爾噴泉及黃金瀑布。造訪完金圈後，駕車抵達塞亞里蘭瀑布，可步行至瀑布後方由瀑布背面欣賞瀑布的景觀。接著駕車欣賞由中央高地一路潺潺流往南岸的森林瀑布，最後抵達維克。

## Day 4 維克→瓦特那冰原國家公園

上午由維克驅車前往瓦特那冰原，於此地參加半天的冰河健行旅行團，或者步行至遊客中心後方的步道健行至山丘上，觀賞被玄武岩環繞的黑瀑布。夜宿史卡夫特山周邊或冰河湖附近的赫本小鎮。

## Day 5 瓦特那冰原、冰河湖→黑沙灘→夏天：塞爾福斯小鎮或雷加溫泉；冬天：雷克雅維克

上午前往冰河湖，可參加冰河湖遊船，下午停留在維克小鎮附近的黑沙灘，可選擇造訪海蝕洞或者觀賞玄武岩。夏天可夜宿塞爾福斯小鎮以接續隔天雷加溫泉行程，冬天則可考慮返回雷克雅維克造訪首都周邊景點。

## Day 6 夏天：塞爾福斯小鎮或雷加溫泉→雷加溫泉；冬天：雷克雅維克→雷克雅維克周邊

夏天可前往雷加家溫泉周邊行走步道，並享受免費的露天野溪溫泉，當地亦有騎馬與露天溫泉結合的套裝行程。冬天可前往雷克雅維克如市區博物館、購物中心等，亦可參加騎馬或賞鯨行程；若天氣許可及駕駛技術尚佳，可考慮駕車前往清境森林，剛下過雪的清淨森林一片雪白，呈現出如童話般的北歐靜謐松葉林雪景。

## Day 7 夏天：雷加野溪溫泉→藍湖與其周邊→離開冰島；冬天：雷克雅維克周邊→藍湖與其周邊→離開冰島

這天可直接駕車前往藍湖溫泉，若是還有剩餘時間可瀏覽藍湖附近的克里蘇灣地熱區與克萊瓦湖，地熱區的滾燙灰泥漿不斷由地面冒出，搭配周邊色彩斑斕的光禿地表營造出月球表面般的崎嶇。最後前往機場辦理還車手續並結束行程。

**貼心小提醒**

### 行程注意事項

第4與第5天的行程有相當多選擇，於此地可選擇短時間、半天、全天的冰原健行、冰原摩托車、攀爬冰岩、參觀冰凍、參觀或乘船遊冰河湖等行程，建議視天氣狀況調整這兩天的活動，於天氣較好時進行冰原健行景色較佳。

# 長天數旅遊行程建議

冰島深度之旅，慢慢體驗雪國風情。(圖片提供／劉怡君)

大部分資料描述的環島行程是沿著1號公路及公路周邊的小鎮、景點搭配出7天以上的旅程。環島行程建議盡量於5～10月之間進行，其他月分仍有下雪機率，不善雪地駕車或無經驗者強烈建議不要於冬天開車環島以免危險。於夏天以外季節環島則務必充裕保留時間，需考慮日照長短與天候狀況。環島行程順、逆時針皆可，可照自己喜好及考慮旅館的可得性安排。

若有8～10天時間但又不想開車環島趕路，也相當推薦於首都加上北部阿庫雷里各待數天，以市區為中心向外發展。可參考本篇長天數行程，由首都到東部赫本一帶地形特殊、高地景色孤美卓絕皆相當值得細細瀏覽。另再搭配國內班機前往阿庫雷里，並參加當地鑽石圈旅行團省去舟車勞頓之苦。

▲斯奈山半島上遠眺冰河

## 長天數行程冰島玩透透

長天數依照前述環島行程，中間插入更多值得停留的景點。

### Day 1 抵達冰島→雷克雅維克

抵達冰島，於機場取車後駕車前往首都雷克雅維克，用完晚餐後投宿於雷克雅維克。

### Day 2 雷克雅維克→金圈→塞爾福斯

由雷克雅維克前往金圈之旅的第一站辛格維里國家公園，觀看歐亞板塊分裂斷崖，接著前往定時由地面向上爆發的蓋錫爾噴泉，最後是雙層黃金瀑布。而後前往塞爾福斯休憩，塞爾福斯小鎮並無觀光功能但生活機能齊全，前往東部前務必於此補充糧食。

### Day 3 塞爾福斯→藍瑪納洛加

上午由塞爾福斯駕車到藍瑪納洛加，於該地區健行，周邊光禿畸零的山丘搭配奇幻色彩有如置身月球般夢幻，營地邊亦有露天溫泉。住宿可考慮攜帶帳篷或及早訂木屋住宿。

## Day 4 藍瑪納洛加→塞亞里蘭瀑布

上午繼續於藍瑪納洛加探索不同步道或享受露天溫泉，下午由藍瑪納洛加駕車到塞亞里蘭瀑布。塞亞里蘭瀑布可繞行至瀑布背後的山洞，由內往外觀看瀑布如水濂般落下，晚間可考慮夜宿塞亞里蘭瀑布前的Hella小鎮。

## Day 5 塞亞里蘭瀑布→索爾森林

上午由塞亞里蘭瀑布駕車到索爾森林約一個小時，可選數小時的步道遊覽索爾森林，住宿則可挑選有溫泉的民宿。此段路程需要四輪傳動汽車，若僅租用普通汽車，亦可由塞亞里蘭瀑布搭乘巴士進入索爾森林，隔日再搭巴士回到塞亞里蘭瀑布繼續行程。

## Day 6 索爾森林→塞亞里蘭瀑布

白天於索爾森林選擇不同步道繼續探索周邊，瀏覽這座由火山與冰河所圍繞出來的森林，下午驅車返回塞亞里蘭瀑布過夜以接續明日前往西人島的行程。

## Day 7 塞亞里蘭瀑布→西人島

自駕的遊客可攜帶汽車一起搭船到西人島，方便於島上自駕觀光探索島上每個角落，若無租車則可以考慮在當地參加小巴士旅行團，聽當地導覽解說西人島的故事，運氣好更可以見到住在懸崖上的帕分鳥家族！

## Day 8 西人島→森林瀑布→黑沙灘→維克

上午於西人島搭船返回本島，由港口行駛抵達森林瀑布，別忘了由瀑布旁的步道走向丘陵頂端，上頭景色別有洞天。而後再前往維克黑沙灘，可到沙灘行走並觀看巨大玄武岩及海上的釘子戶岩石，最後於維克小鎮休憩。

## Day 9 維克→瓦特那冰原國家公園

於維克開往駕車前往瓦特那冰原國家公園，可先拜訪遊客中心了解附近冰河分布及形成的歷史。遊客中心周邊數個步道，推薦走史卡夫特山路線前往欣賞被玄武岩環抱的黑瀑布，絕對值得一訪。而後可視時間與天氣參加冰河健行活動。

## Day 10 瓦特那冰原國家公園

接續前天行程，前往冰河湖，可參加乘船遊冰河湖穿梭於巨大冰山之間，近距離親近存在千年的冰塊。時間允許亦可考慮參加《007誰與爭鋒》(Die Another Day)電影場景裡的冰原摩托車行程、冰河健行或考驗體力的攀冰行程等。夜晚可住宿於以龍蝦料理聞名的赫本小鎮。

如果於10～3月間拜訪者，可以參加季節限定的冰洞行程旅行團，厚實的冰層裡透出如夢似幻般凜冽的藍。

## Day 11 瓦特那冰原國家公園→艾伊斯塔濟爾小鎮→塞濟斯峽灣

由瓦特那冰原國家公園開往塞濟斯峽灣的路途上，需繞行多個峽灣而後行經艾伊斯塔濟爾小鎮，可於此城鎮稍作休息並補給糧食等必需品，再前往塞濟斯峽灣。下坡路段可稍停留欣賞狹長的峽灣，及位於峽灣匯聚處小巧可愛的彩色城鎮。

▲沿路經過的東部Djúpivogur小鎮，藝術裝置豐富

## Day 12 塞濟斯峽灣→岱堤瀑布→馬蹄形峽谷→胡薩維克

離開塞濟斯峽灣後，可先停留於峽灣小鎮，採購上路的食物，並將油箱加滿，再繼續駕車前往岱堤瀑布觀看氣勢磅礡的黑水奔騰進入河流。而後繼續往北前往馬蹄形峽谷，想像八腿神馬一腳踩下形成的U型峽谷，並可於峽谷裡的步道健行。最後來到可愛的港口小鎮胡薩維克休息。

▲岱堤瀑布切割出的河流

## Day 13 胡薩維克→賞鯨旅行團→米湖

上午可於胡薩維克港口遊覽，並且補給夜宿米湖所需的食材，並在此報名參加賞鯨旅行團。旅行團結束後驅車前往米湖，晚間在人景合一的米湖地熱溫泉解放數天以來的疲憊。

## Day 14 米湖周邊

上午可於米湖周邊開車繞行米湖遊覽風景，繞著米湖周邊公路看到喜歡的景致可隨時停車。下午的活動可由爬火山湖Viti火山口開始，由停車場到行走Viti火山湖一圈大約一小時。而後前往蒸氣瀰漫、灰色泥漿在地表沸騰的泥漿地熱區，亦可走上泥漿地熱區火山觀看附近火山岩平原。

▲在夕陽下享受米湖溫泉

## Day 15 米湖→上帝瀑布→阿庫雷里

由米湖前往阿庫雷里的路上1號公路旁便可見到如布簾般環繞於懸崖的上帝瀑布，而後繼續前往阿庫雷里市區。可考慮於阿庫雷里參加騎馬行程以及瀏覽小巧可愛的市區。

## Day 16 阿庫雷里→西峽灣→伊薩峽灣小鎮

由阿庫雷里駕車前往西峽灣路途頗長，可以預留較多時間同時欣賞沿途峽灣風景。西峽灣段路程難行，建議租用四輪傳動汽車。道路順著峽灣繞行，左邊是峭壁、右方是瀕水的懸崖，沿途風景極美但路況險峻。夜晚可考慮住宿於西峽灣內的小巧城鎮伊薩峽灣小鎮。伊薩峽灣小鎮由峽灣的一側延伸至峽灣正中間，形成有如孤島，又被三側的山所環抱的地勢，地處偏僻但景致絕佳。

## Day 17 伊薩峽灣小鎮→丁堅第瀑布→Brjánslækur港口→斯奈山半島

此日由伊薩峽灣小鎮駕車前往西峽灣最美的瀑布丁堅第瀑布(Dynjandi)，其高100公尺，由小小的出水口順著階梯式的壁崖，如仕女的大澎裙般散開。而後駕車到Brjánslækur港口，連車子一起上船前往斯奈山半島的Stykkishólmur港口欣賞海景，並且夜宿於斯奈山半島的Stykkishólmur港口附近。

### Day 18 斯奈山半島→雷克雅維克

離開Stykkishólmur港口後駕車進入小港Bjarnarhöfn造訪鯊魚博物館，外面晾著許多遊冰島古法醃漬油亮的鯊魚，遠遠的就可以聞到味道。繼續前進，經過Grundarfjörður路後便可看到右手邊靠著海邊尖聳如墨西哥帽的教堂山，以及道路左手邊的教堂瀑布。

離開斯奈山半島前，可短暫停留於大片玄武岩壁崖Gerðuberg，再繼續南下行經公路旁的小鎮Borgarnes，最後回到雷克雅維克。

### Day 19 雷克雅維克

本日可於雷克雅維克市區休憩，除了市中心地區以外，亦可考慮前往附近的購物商場或者租腳踏車沿海岸線瀏覽對岸山景。

### Day 20 雷克雅維克→藍湖與藍湖周邊→離開冰島

當天視離境飛機時間安排，上午於雷克雅維克購買伴手禮；下午前往藍湖享受火山岩中的湛藍露天溫泉；最後前往機場還車離境。

## 其他方案

### 非自駕環島——參加旅行團

無論冬天或夏天，Extreme Iceland旅遊公司都有環島行程可參加，7天行程約(199,500 ISK)，全程有導遊以英文導覽，住宿以及行程皆安排妥當，可省去許多麻煩，沿路行程會依天氣狀況調整。

http www.extremeiceland.is/en/(進入後搜尋The Ring Road - Package tour)

### 駕車環島

環島行程前半段可參考5天行程範例(見P.185)，於瓦特那冰原之後接著北上繼續行程。亦可參考長天數環島行程(見P.189)，從中刪去西峽灣與斯奈山半島、高地等路段。建議留較充裕的時間好好享受旅程。

環島路上經常可見瀑布

### Day 1 抵達冰島→雷克雅維克

### Day 2 雷克雅維克→金圈→森林瀑布→維克

### Day 3 維克→瓦特那冰原+冰河湖

### Day 4 瓦特那冰原→塞濟斯峽灣

### Day 5 塞濟斯峽灣→岱堤瀑布→馬蹄形峽谷→胡薩維克

### Day 6 胡薩維克→米湖

### Day 7 米湖→阿庫雷里

### Day 8 阿庫雷里→斯奈山半島

### Day 9 斯奈山半島→雷克雅維克

### Day 10 雷克雅維克→藍湖與其周邊→離開冰島

## 親子遊方案

### ■交通、住宿、外食

冰島大部分景點的停車場與景點距離不遠，但途中多有階梯、坡道或石子路，推車並不實用。若有2歲以下幼童，建議使用登山背駕，而2歲以上孩童的父母，則需多考慮孩子的體力。住宿推薦公寓式旅館，有更大的活動空間，且可自炊，許多民宿及飯店亦提供遊戲床。餐廳較少提供兒童餐，可在超市買嬰兒副食品。

### ■適合親子遊的活動

賞鯨、博物館、美術館、搭船遊冰河湖、公共池游泳……等，都很適合親子遊。雷克雅維克市區的博物館多設有幼兒專區，並提供繪本及紙筆；珍珠樓的Wonder of Iceland展覽(詳見P.140)及熔岩中心(見P.153)則是寓教於樂的好選擇。可將室內活動穿插於戶外行程之間，讓孩子適時休息。

▲首都地區的美術館、博物館裡多設有親子遊戲區

▲珍珠樓與熔岩中心有許多互動式展覽

### ■特殊活動的年齡限制及替代方案

部分活動有年齡限制，行前規畫備案，讓旅程玩性不減、沒有遺憾！

●泡溫泉

藍湖溫泉規定2歲以上幼兒才能入場，而其他溫泉及公共游泳池僅需成人陪同，並無年齡限制。帶幼兒去游泳池社交是冰島人的日常，所以公共游泳池大多設有兒童池及簡易兒童遊樂設備。

●騎馬

大部分的騎馬行程限制年齡7歲以上，但也有馬場會提供幼童專屬椅墊，以及專人牽繩繞行服務，可先寄信詢問。Ishestar Horse Riding Center有家庭共騎行程，距離雷克雅維克僅約15公里(網站：www.ishestar.is/en/where-are-we/)。

●冰洞、冰河健行及冰河摩托車

瓦特那冰原冰洞及雪上摩托車行程限制年齡8歲以上；冰河健行則視難易度會限制8～14歲以上。但朗格冰原的人造冰凍行程可讓孩童進入冰洞與冰隧道，可直接站在寬廣無際的冰原上；珍珠樓也有小型冰洞體驗，且交通方便。

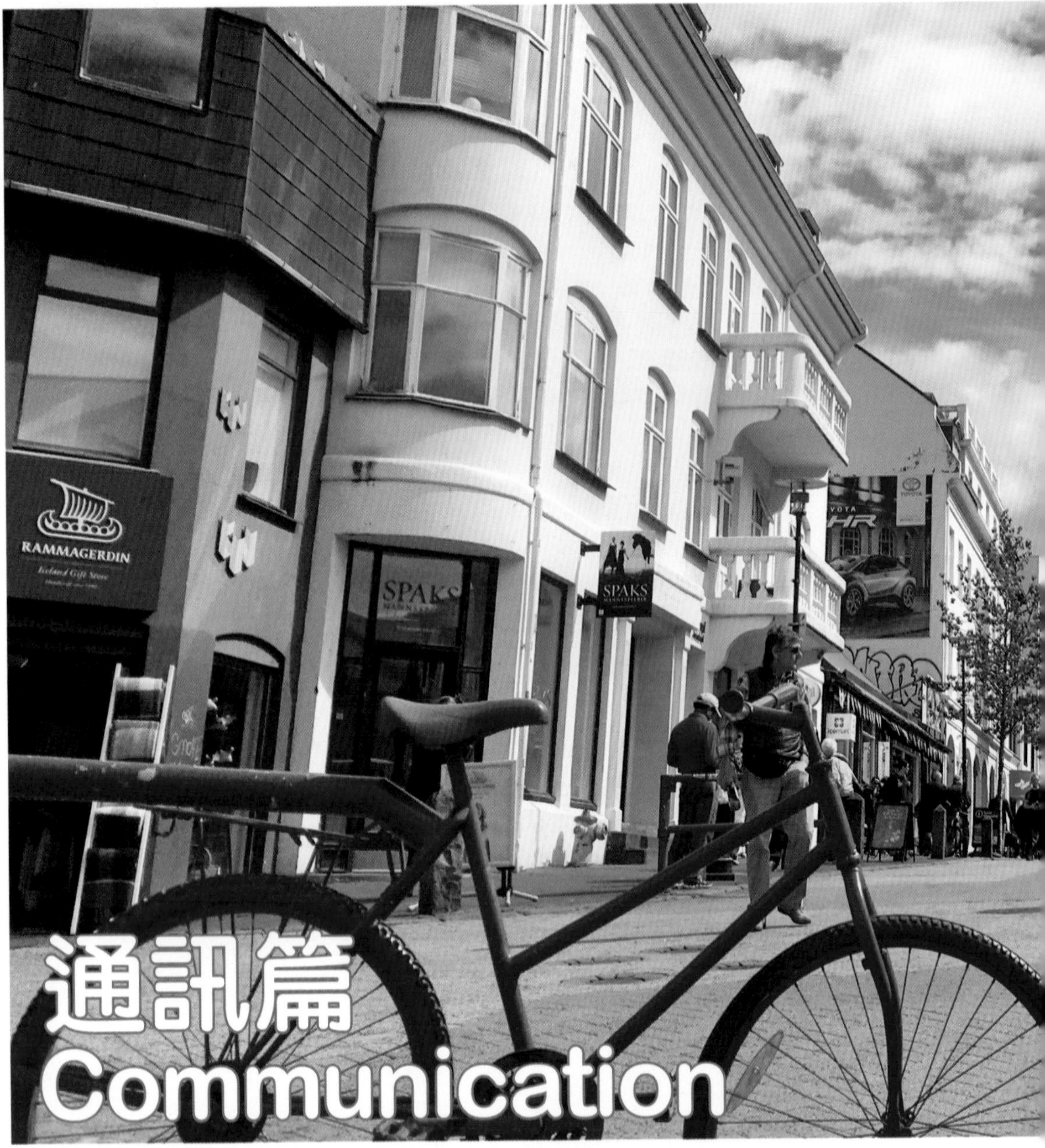


# 通訊篇
# Communication

## 來到冰島，該如何上網、打電話以及寄信呢？

出國在外要怎麼上網打卡、聯繫親朋好友報平安？看到具有當地特色的明信片，想寄給各地友人該怎麼寄好呢？與通訊相關的問題，都可以在本篇找到解答哦！

(大圖、左小圖圖片提供／劉怡君)

FOO FIGHTERS
ARCADE · TOYS

Letters to the
Icelandic Santa
Write a letter with the name of your best friend or your child and get letters and gift from one of 13 Icelandic yule lads

Austurvöllur
Ráðhús
Tjörnin
Tourist info.

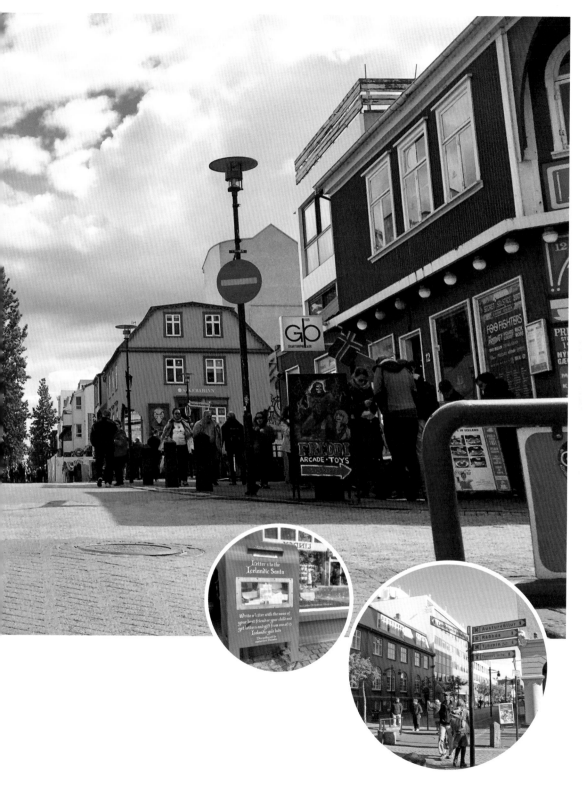

# 電話通訊

國際電話費用價格昂貴，建議多加利用通訊軟體的免費通話功能。

無論是由臺灣打到冰島或冰島打到臺灣的國際通話費都不便宜，建議於通訊軟體Skype事先儲值用以網路撥打國際電話，話費相對便宜許多。

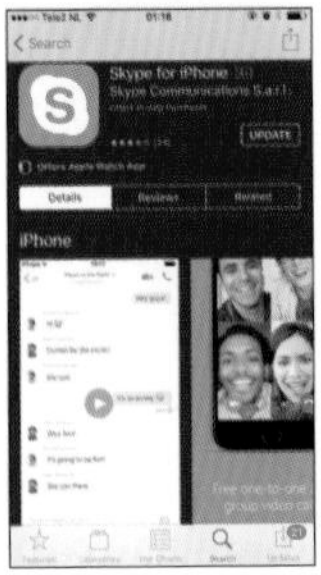


事先下載Skype並設立帳戶、購買點數以備不時之需

## 由冰島打到冰島

### 省略區碼，直播電話號碼。

| | 冰島號碼 | 由冰島撥打方式 |
|---|---|---|
| 打到市話 | 0444-2500 | 0444-2500 |
| 打到手機 | 695-1853 | 695-1853 |

冰島打到臺灣區碼為886

## 由冰島打到臺灣

### 臺灣區碼為+886。

| | 臺灣號碼 | 由冰島撥打方式 |
|---|---|---|
| 打到市話 | 02-2123 4567 | +886-2-2123 4567 |
| 打到手機 | 0912-345678 | +886-912-345678 |

備註：實際撥打的時候可省略「-」符號跟空格部分，直接輸入所有號碼

臺灣打到冰島區碼為354

## 由臺灣打到冰島

### 冰島的區碼為+354。

| | 冰島號碼 | 由臺灣撥打方式 |
|---|---|---|
| 打到市話 | 0444-2500 | +354-444-2500 |
| 打到手機 | 695-1853 | +354-695-1853 |

備註：一般手機長按0數秒便會出現符號+

# 網路預付卡

冰島的無線網路很普遍，相當便利。

無線網路在大部分咖啡店與旅館相當普及。但為避免影響用餐品質，並非所有餐廳都有提供無線網路。通常密碼置於櫃檯附近可於點餐或入住時向服務人員詢問。

▲冰島並非所有餐廳都有提供無線網路

建議有環島或自駕的旅人們到冰島時購買至少最基本的通話及網路額度，在許多緊急時刻可向外聯絡或查詢地圖。

**貼心 小提醒**

### 出國上網到處通

現今出國上網選擇眾多，可以選擇手機漫遊、無線網路分享機、多國上網卡以及當地網卡等都是可行的方案，出國前可依照自己的需求及停留時間比較各方案優缺點。

自2017年6月起，歐盟正式執行「Roam Like at Home」政策，並取消成員國之間的漫遊收費，意即在任一國家購買的sim卡亦可直接到其他包含冰島在內的30多個歐洲國家使用。若行程中停留歐洲多國，可於第一站購買當地sim卡並於接下來的旅程中繼續使用。

## 購買預付卡

機場出境出口右邊不遠處有1011超商，可一入境即購買sim卡並現場儲值。部分手機需特別退卡工具才能將sim卡取出，選用預付卡者需自備退卡工具。短期旅行而言較推薦Simmin，其sim卡較容易取得，網頁及手機App有英文操作介面，操作也相對其他公司更容易，網路價格亦較便宜。

## 預付卡儲值與網路流量

手機預付卡可於大部分的1011超商與加油站附設超商儲值，亦可上其官方網站依照自己需求加購網路流量，並使用信用卡支付。現今冰島物價變化快速，建議上官網查詢最新資訊。

### 各家預付卡網站這裡查

**Siminn** http www.siminn.is/prepaid

**Vodafone** http vodafone.is/english/prepaid

**Nova** http www.nova.is

### 各家預付卡比較表

| | 基本套裝 | 基礎價格(ISK) | 購買地點 | 儲值方法 | 覆蓋率 |
|---|---|---|---|---|---|
| Siminn | 1GB網路 | 1,700 | 冰島航空與門市 | 網站或超商 | 最高 |
| | 5GB網路＋50分鐘國際通話(可撥打台灣)＋50則簡訊 | 2,900 | | | |
| Vodafone | 3GB 網路 | 1,790 | Vodafone 門市 | 網站或超商 | 中等 |
| Nova | 1GB 網路@＋100分鐘通話 | 1,990 | WOW Air與門市 | 網站或超商 | 較低 |

＊製表／林佩儀　＊資料時有異動，請以官方公布的最新資料為主

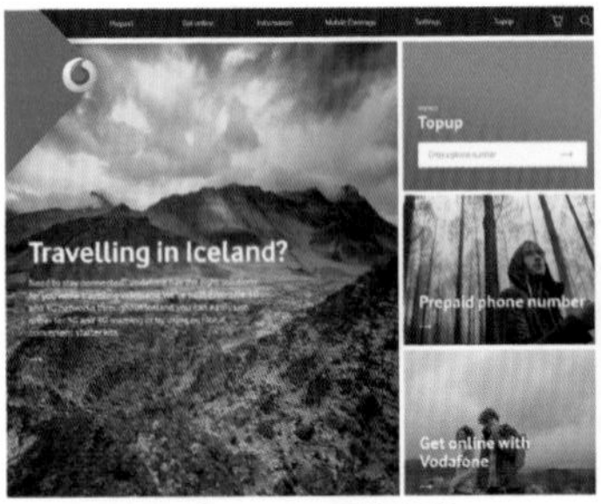


▲Vodafone與Siminn價格相當

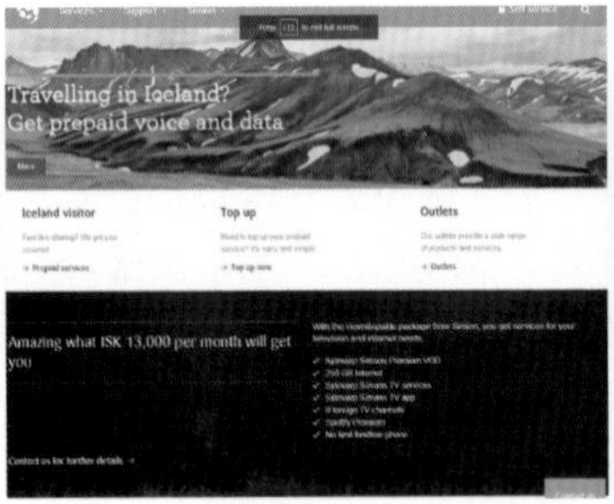


▲Siminn於冰島覆蓋率高，與使用率皆最高

▲Nova有網內互打免費，受當地年輕人及交換學生歡迎

## 冰島語指指點點

### 通訊篇

**Frímerki**
郵票／戳章／Stamp

**Pósthús**
郵局／Post office

**Pakki**
包裹／Package

**Fylla á**
儲值／Top up

**Fyrirfram greitt**
預付卡／Prepaid

**Farsími**
手機／Mobile phone

**Net**
網路流量／Internet data

**SMS**
簡訊／SMS

# 郵寄

寄出全球最北首都的明信片給自己或朋友是相當美好的回憶！

## 明信片

於全球最北首都寄出的明信片特別有紀念價值，冰島的郵資往往比明信片還要貴上許多。50克以下信件歐洲境外郵資為250 ISK；歐洲境內則為200 ISK。郵票可於書局或郵局購得。

▲可直接將國際明信片投入一般紅色郵筒

## 國際包裹

若購買太多物品，或者計畫前往他國，預計將部分行李先行寄回住所者，可利用國際包裹遞送。郵局網頁可填入遞送國家、包裹體積與重量估算，查詢遞送國家包裹價格。

將包裹妥善打包好後到郵局遞交給櫃檯人員，當場付款並領取追蹤號碼(tracking number)即可。

▲位於首都舊城區的冰島郵政總局

◀勞加大街上的特殊郵筒可將你的願望寄給聖誕老人

### 最新郵資訊息這裡查

**冰島郵政系統**

http www.postur.is/en/individuals/international-letters/rates/
(點International letters→ Rates)

### 郵局網頁這裡查

**冰島郵政包裹系統**

http www.postur.is/en/individuals/international-parcels/calculator
(點International parcels→ Calculator)

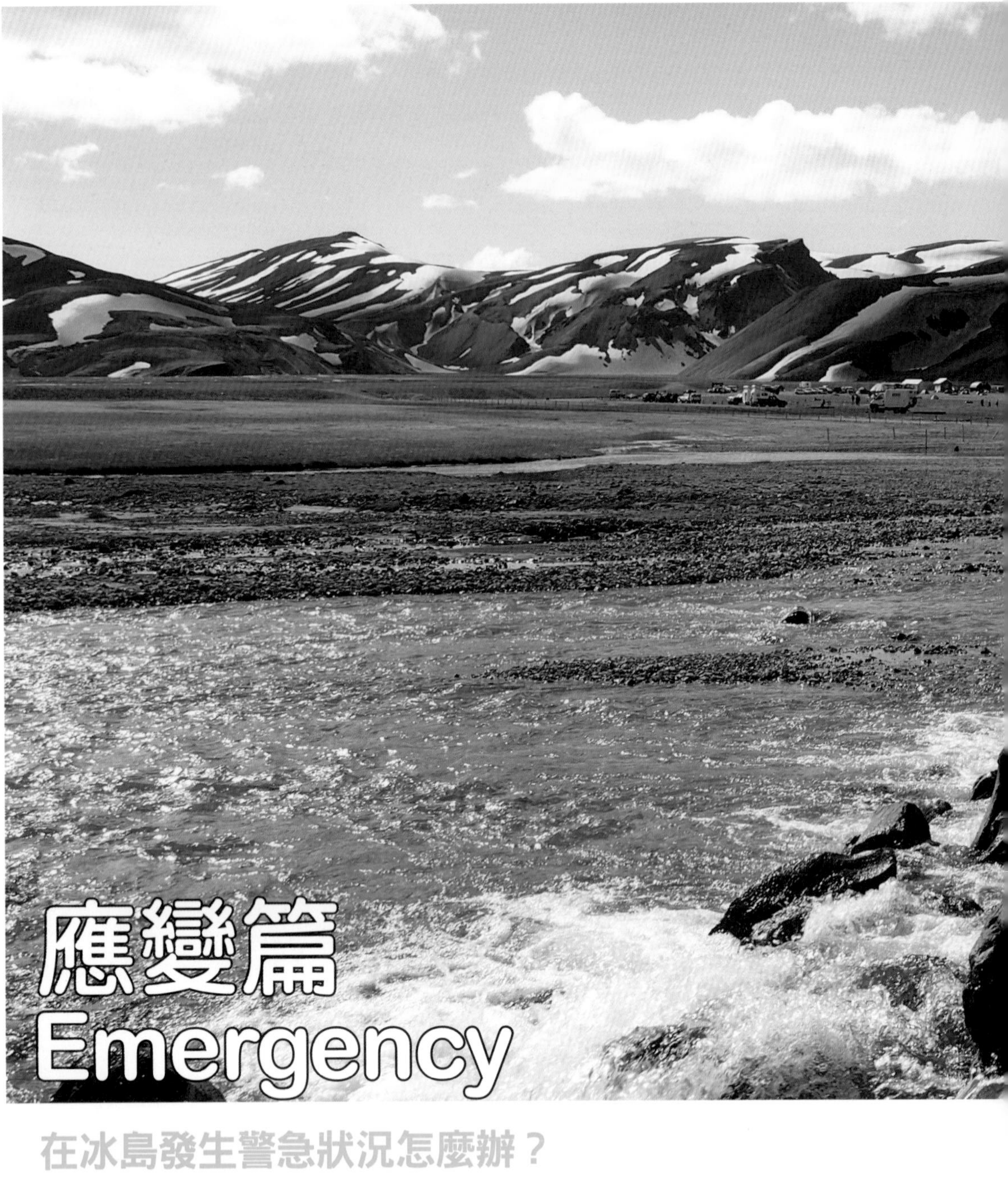

# 應變篇 Emergency

## 在冰島發生警急狀況怎麼辦？

於冰島旅遊最常出現的突發狀況是因氣候產生的各種不便而延誤行程。許多事故雖可以小心避免，但很多突發狀況仍不在自己掌控之內。此篇描述各種可能的突發狀況與解套方法。

# 突發狀況處理方法

冰島是全球最安全國家第一名，但還是要留意身旁人事物。

冰島近年來榮登全世界最安全的國家第一名，人與人之間的信任感很深，但出門在外仍建議不要讓隨身物品離開視線。旅遊途中難免遇到許多突發狀況，最重要的是冷靜處理，思考解決方法後果斷地做決定。

## 錯過航班或航班延遲

### 因不可抗拒因素而取消或延遲

若因天氣或航班調度問題而遭到取消或班機延遲，通常航空公司會協助安排後續班機問題，但需注意歐美許多廉價航空有權利取消班機。此時旅遊不便險可以發揮很大的功用。旅遊不便險可以在出國前向各保險公司投保、有些亦可直接線上投保，若時間倉促也可以到機場後找尋保險櫃檯現場辦理投保。

### 因自身因素錯過航班

因自身失誤而錯過航班時，可先於櫃檯與航空公司協調，說明狀況，依照票面規定爭取權益。歐洲大多航空公司在乘客因自行失誤而錯過航班時，多將機票作廢。在前段機票被作廢的狀況下，旅客可直接至航空公司櫃檯，請櫃檯人員協助訂購最近的班機，通常會照票面價收取費用；也可於機場使用網路搜尋其他航班的可能性，以減少損失。

▲出發前可先上網查詢航班資訊

**貼心 小提醒**

**治安良好但仍需注意安全**

在首都或郊區即便是夜晚走在路上也無需太擔心人身安全，但仍需注意夜晚在首都市區有瘋狂醉漢出沒，女性於夜間盡量不要往小巷、暗處或角落走。在郊區或營地，有些旅人會因自己準備不足，而竊取他人的物品，例如登山杖或靴子等，需要小心防範。

# 遇暴風雪

遇到下大雪時，積雪覆蓋路面，易使駕駛人分辨不清行駛道路而使汽車陷落路邊。當無法辨識前方道路時，建議勿強行前進以免發生危險。若不幸陷落路邊，可靜待其他車輛經過時尋求協助，利用繩索請對方車輛幫忙拖回道路上。若氣象預報有大風雪則建議提早前往機場，冰島在冬季時，偶爾會出現因為雪下太大、道路封閉，巴士無法前往機場的狀況。

▲下大雪時前方能見度很差，汽車要記得開啟大燈並注意前後來車，走路時盡量走在防滑的粗礫石上

# 內急

▲雷克雅維克市區設有多處公廁

雷克雅維克街道旁有免費公廁，在指示燈為綠色時按下按鈕便會自動開門；如果在郊外時，可以去附設超商的加油站，他們通常也會有公共廁所，即便不購物也可入內使用，少部分廁所須付費100～200ISK。

綠色顯示目前無人使用
紅色顯示內有人使用中

按下按鈕便可開門

不用投幣，僅需按鈕便會自動開門▶

# 生病

## 急診

冰島人大多有家庭醫生，身體不適時會先由家庭醫生診斷後再轉診。外國旅客若突然身體不適時，則可直接前往醫院的急診處尋求協助，或是可直撥112尋求協助。

如果人在首都雷克雅維克地區，可直接前往位於Fossvogi的Landspítali國家醫院，看診後可向醫院索取英文版的收據及診斷證明，回國後再向健保或自己的保險申請款項。

▲到達Landspítali以後跟著Emergency的指標走便可抵達急診處

## 藥局

原則上臺灣的處方箋在冰島並不適用，但冰島藥局有販售基本的應急藥物，例如止痛藥、咳嗽糖漿、感冒藥、事後避孕藥、濕疹用藥、發泡錠或保健食品等，亦有販售兒童用的劑量。藥局內多配有藥師，亦可向藥師徵詢意見。若本身有固定用藥，建議出國時準備足量藥物及藥物學名、醫師處方箋以應付突發狀況。

▲綠色十字是藥局的標誌，整個歐洲都適用

# 遺失物品處理方法

在臺灣事先備份重要證件及資料，以備不時之需。

旅途中遺失證件及信用卡最為麻煩，事先將證件及信用卡資料備分存放，事後的申請補件可以較快速獲得解決。

## 遺失現金

現金遺失多半無法尋回，但仍可向警察局報備註明遺失金額、地點及聯絡方式。運氣好時仍有機會尋回錢包及證件。多準備不同的信用卡，放在不同地方分散風險也是個好方法。

▲位於Hlemmur旁的警察局

**駐丹麥臺北代表處這裡查**

☎ +45-3393-5152

http www.roc-taiwan.org/dk

## 遺失護照

冰島並無臺灣辦事處，目前由駐丹麥辦事處協理所有冰島外務，故遺失護照補發也較麻煩且費時。為加速補件流程，可事先將護照、身分證掃描存檔以備不時之需，並且隨身攜帶2張以上2吋大頭照。可循下列程序取得旅行文件或護照：

### Step 1 警局報案

發現護照遺失第一時間前往最近警察局報案，並取得報案單。

### Step 2 填寫申請書

至駐丹麥臺北代表處網址下載「普通護照申請書」及「護照遺失申報單」並填寫完成。

### Step 3 傳真資料至代表處

將報案單、2吋大頭照、護照或身分證正本或影本、護照規費205丹麥克朗、普通護照申請書及護照遺失申報單，傳真至駐丹麥臺北代表處。

### Step 4 取得補發文件

打電話至駐丹麥臺北代表處告知事由，再取得補發文件。

## 遺失信用卡

信用卡遺失後若持有人認為無法短時間內找回，則建議即時打電話進行止付。臺灣各信用卡公司多設有24小時客服專線甚至Skype服務專線，可先向各銀行進行掛失以後詢問後續處理方式。

**貼心小提醒**

**西聯匯款服務(Western Union Quick Cash)**

在冰島如不幸所有行李皆遺失並急需用錢，可考慮請家人透過西聯匯款服務將現金快速匯往冰島。西聯匯款服務與目前與臺灣合作的有台新、京城與大眾銀行等，民眾可準備匯款金額前往西聯合作銀行臨櫃辦理匯款。

於冰島的受款人可持護照及西聯追蹤號碼(MTCN)前往西聯於冰島合作的Landsbankinn辦理取款。

**西聯匯款服務據點** http https://locations.westernunion.com/

## 冰島語指指點點 應變篇

**Lyfjabúð**
藥局／Pharmacy

**Neyðartilvik**
急診／Emergency

**Spítali**
醫院／Hospital

**Ofnæmi**
過敏／Allergic

**Töf**
延遲／Delay

**Trygging**
保險／Insurance

**Sjúkrabíll**
救護車／Ambulance

**Hætta við**
取消／Cancel

**Kvittun**
收據／Receipt

**Veik(ur)**
生病／Ill

**Höfuðverkur**
頭痛／Headache

**Niðurgangur**
拉肚子／Diarrhea

**Sprungið deck**
爆胎／Flat tire

**Bílslys**
車禍／Car accidentt

**Bílaverkstæði**
修車廠／Car repair shop

**Lögreglustöð**
警察局／Police station

**Bensínstöð**
加油站／Gas station

**Sjúkraskýrsla**
診斷證明／medical certificate

**Ég er að leita að ___.**
我在找__／I'm looking for___.

**Vinsamlegast hjálpaðu mér**
請幫助我／Please help me

**Ég týndi vegabréfinu mínu**
我的護照遺失了／I lost my passport

**Hvernig kemst ég að næst(a/u) ___?**
最近的__怎麼走？／How to get to the nearest___?

**___ minni/mínu/mínum var stolið.**
我的___被偷了／My___was stolen.

# 救命小紙條

您可以將此表影印，以中文或英文填寫，並妥善保管隨身攜帶！

**個人緊急連絡卡**

**Personal Emergency Contact Information**

姓名Name：

年齡Age：

血型Blood Type：

護照號碼Passport No.：

信用卡號碼Credit Card No.：

海外掛失電話Tel：

旅行支票號碼Traveler's Cheque No.：

海外掛失電話Tel.：

緊急聯絡人Emergency Contact：

聯絡電話Tel：

臺灣地址Home Add.：

投宿酒店Hotel：

酒店電話Tel.：

酒店地址Add.：

航空公司名稱Airline：

航空公司電話Tel.：

備註Others：

**免費緊急電話：112**

**駐丹麥台北代表處緊急聯絡電話**

**(45)20760466**

**領務受理時間**

**週一至週五10:00-13:00**

**外館聯絡電話**

**(45)33935152**

**辦公時間(例假日不上班)**

**週一～週四9:00～16:30／週五9:00～16:00**

**代表處聯絡資訊**

**Amaliegade 3, 2. Sal, 1256 Křbenhavn K, Denmark**

# 填線上回函，送"好禮"

**感謝你購買太雅旅遊書籍！填寫線上讀者回函，**
**好康多多，並可收到太雅電子報、新書及講座資訊。**

## 好康1

**每單數月抽10位，送珍藏版**

# 「祝福徽章」

**方法：**掃QR Code，填寫線上讀者回函，就有機會獲得珍藏版祝福徽章一份。

## 好康2

**填修訂情報，就送精選**

# 「好書一本」

**方法：**填寫線上讀者回函，並提供使用本書後的修訂情報，經查證無誤，就送太雅精選好書一本(書單詳見回函網站)。

**＊同時享有「好康1」的抽獎機會**

**開始在冰島自助旅行**
**(最新版)**

**https://is.gd/yO5n3V**

＊「好康1」及「好康2」的獲獎名單，我們會於每單數月的10日公布於太雅部落格與太雅愛看書粉絲團。

＊活動內容請依回函網站為準。太雅出版社保留活動修改、變更、終止之權利。

**太雅部落格** http://taiya.morningstar.com.tw

有行動力的旅行，從太雅出版社開始